# 信仰にもとづく抵抗権

渡辺信夫［著］

いのちのことば社

目次

I

## Ⅲ　国家と教会――「抵抗権」発動の歴史

## Ⅳ　第二の敗戦と「抵抗権」――権力悪との闘い……89

# I

# 「抵抗権」への目覚め

## ◆戦争の中で見え始めた問題

七十年以上昔の話である。時流に逆らえぬまま軍隊に身を置くことになった。軍隊に入ると、それまで見えなかったことがいろいろ見えてきて、これではまもなく戦争は破局だなと感じたのだが、なぜもっと早く戦争の無謀と無意味さに気づいて抵抗しなかったのかと、悔やんだものだった。

「抵抗」について長年考えてきたというと、本物の抵抗者であろうと思われるかもしれない。しかし実際は、まともに問題とぶつかる機会をいつも逃がしていた。

自分自身にとって「抵抗」を現実問題として初めて意識したのは、「軍隊」という機構に入れられることを考えた時である。それは、実際に軍隊に行くより何年も前のことで、いまだ精神的にも未成熟なものであった。その時から内面の反発は長期にわたってくり返し起こったが、それが重ねられる間に徐々に鈍っていき、本番の「学徒出陣」[*1]の時が来ても、行動として何も起こらなかった。

軍隊に取られ、行きたくない戦争に駆り立てられることに対する嫌悪感、それは今日、青年にとって空想のものでなくなっていることについて注釈を付け加える必要がないだ

*1 学徒《がくと》出陣《しゅつじん》
戦時中、男子は全員徴兵検査を受け、合格者は軍にとられる。その時、高等教育を受けている者は、卒業まで徴兵を猶予された。しかし、戦局不利になった一九四三年、この猶予は撤廃され、学生は軍隊に入った。これは正式の用語ではない。

ろう。今では、かつての時代よりもっと凄まじい抵抗が爆発するのではないだろうか。

私の若かったころは、徴兵制[＊2]がすでに久しく実施されており、いわば世の習わしになっていたので、反発をあきらめて、これを受け入れる人が大部分であった。それでも、「徴兵逃れ」を考えた人は稀ではなかった。それを実行する人も実際にいて、どういう手段があるかを学ぶ機会もあった。たとえば、醤油を飲むと体が極度に衰弱し、徴兵検査[＊3]で不合格になる、という知識は行きわたっていた。もっとも、どこのだれが実行したかということは聞いたことがなかった。あるいは、話を聞いただけでゾッとして、それで終わったのかもしれない。反軍思想は発育不全のまま死に絶え、自分自身の弱さへの嫌悪感だけが残った。

私の場合、単純というよりはむしろ幼児性による反発であって、「正義」とか「平和」とか「自由」という思想に基づく徴兵忌避ではなかった。年齢とともに思想的にも成長して抵抗感が増すはずだが、時代が進むにつれて、かえって軍隊に対する違和感は鈍らされていった。戦争で死ぬことの無意味さは、前線に出た時に初めてわかったのだが、それについては後で述べることにする。

＊

私の場合、人並みに軍隊嫌いではあったが、それ以上ではなかった。

旧制中学二年生になると「教練」と称する課目が始まる。軍事教練である。陸軍の退

＊2　徴兵制《ちょうへいせい》
一九二七年、兵役法が公布され、男子は、満二十歳になると徴兵検査を受ける義務が課せられた。

＊3　徴兵検査《ちょうへいけんさ》
身長、体重、視力などを検査し、その結果は、「甲種《こうしゅ》」から順に「第一乙種《おつしゅ》」「第二乙種」「丙種《へいしゅ》」などにランク分けされ、身体や精神の状態が兵役に適さない者は「丙種」とされた。
しかし、戦局が激化し、兵が不足していくにつれ、乙種も丙種も合格させて採用するようになった。

役士官[*4]または准士官[*5]が教員になって、軍服姿でこの課目を教える。教室での授業はたまにしかなく、ほとんどがゲートルをつけて野外で肉体を酷使する労役で、兵隊になった時の苦労の先取りである。職業軍人[*6]になりたい少年たちは、陸軍士官学校[*7]や海軍兵学校[*8]等の軍学校を志願し、受験に合格すれば中学校を退学する。そうでない者は必修の課業として「教練」を履修するが、これが好きな生徒はまずいなかった。それでも、合格点を取っておかないと、後に軍隊に入った時、幹部候補生[*9]の受験資格がなく、下級兵士のままで奴隷的な労苦に耐えなければならないから、よほどの覚悟のある者以外は、教練の合格点が取れる程度のことはしていた。（余計な話になるが、私が一九四三年に学徒出陣で海軍に入って、陸軍の幹部候補生に相当する海軍予備学生[*10]になった時、学校教練の合格証明は全く顧慮されなかった。訓練の原理が陸軍と海軍では別だったからである。そういう事情がわかっていたなら、中学以来の陸軍式学校教練は無視してもよかったのに……と、予備学生たちは笑い話に言ったものである。）

　私が教練嫌いだったのは、特別な事情があったからではない。みんなと同じ程度に嫌であった。ほかの学課でも好き嫌いはあるが、教練については反知性的で粗暴な嫌らしさをみなが感じていたのである。この学課では、体罰と恐怖感を与えて締めつける訓練が行われる。クリスチャンであることが軍隊嫌いを嵩《こう》じさせてよさそうであるが、私の場合、思想的に未熟だったからであろう、人の考えないことまで考えることがなく、人一倍反軍的になってはいなかった。

＊4 退役士官《たいえきしかん》
現役を退いて一般の職業に戻った士官。

＊5 准士官《じゅんしかん》
軍の階級は大きく分けて、兵、下士官、士官となっており、下士官の最上級を士官に准ずるものとして扱うようになった。（兵曹長とも呼ぶ。）

＊6 職業軍人《しょくぎょうぐんじん》
徴兵制度による短期間でなく、職業として長期間軍務につく軍人。

＊7 陸軍士官学校《りくぐんしかんがっこう》
陸軍士官の育成を目的とした教育機関。

＊8 海軍兵学校《かいぐんへいがっこう》
海軍将校の養成を目的とした教育機関。

中学も高学年になると、反軍的な言葉を口にする同級生がボツボツ出てきた。その中で私は目立たない凡人であった。つまり、平凡人並みに軍隊の空気を敬遠するのである。しかし、私の軍隊嫌いも、陸軍でなく海軍なら反発はさほど感じないという程度のものでしかなかった。

## ◆陸軍と海軍

徴兵検査を受けて甲種合格を申し渡された際に、私は海軍を希望することを申し出た。その選択はとりあえず間違っていなかったと思うのだが、海軍も陸軍も軍隊として人命と人格を無視するという原理に立っているのだから、優劣を論じることは滑稽とも言えるだろう。それでも、陸軍では初年兵に気合いを入れるために、捕虜あるいは一般住民を刺殺させ、命令に従わない者は天皇の命令に背く者として処罰されるという噂があり、とにかく陸軍には行くまいと思っていた。陸軍の全部隊でそのような非人道的蛮行が実施されていたわけでないことは知っていた。それでも、少数例であっても実行された事実があり、そのことは口止めされて、ないことになっており、軍の刑法で取り締まることにはならなかったようである。

さらに付け加えると、私は海軍側のことしか知らないのだが、海軍には、泥臭い陸軍

*9　幹部候補生《かんぶこうほせい》
陸軍では、旧制中学卒業の学歴を持つ者は、志願して合格すれば幹部候補生になり、予備士官学校に送られ、士官になる。

*10　海軍予備学生《かいぐんよびがくせい》
現役士官の不足を補う予備員制度の一種。高学歴の者を採用し、一年間教育して予備士官にし、それを召集して現役並みに働かせる。

に対する根強い侮蔑があった。この習慣にはまって、私も「陸サン」と小馬鹿にした呼び方をしていた。陸軍側からすれば、「お高くとまっている」海軍の滑稽さが見えたであろう。それにしても一般的に、陸軍は泥臭く威張っていると見られていた。格好よく振る舞う気風はどうも育たなかったらしい。海軍では「スマートに！」とうるさく言われた。生まれつきスマートでない私にとって、このようにけしかけられることがどんなに苦痛であったか、理解できる方は多いはずである。

いま語ったのは、私の年代（一九二三年生まれ）のことで、一年一年、空気が変わっていったことを知っておいていただきたい。私が小学校入学の年に満州事変[*11]が始まり、中学二年の年に日中戦争[*12]に発展し、動員[*13]が行われ、戦死者が出始めた。年が進むにつれて、戦死者の年齢線は私の年代に近づいてきた。こうして私自身も戦死者該当年齢に達し、その年齢線はどんどん下がっていき、戦争は終わることになる。

私の一つ年上の世代あたりが、一番たくさん死んだ年齢層だという。ある県の某県立中学（五年制の旧制中学）の同窓会名簿では、郡ごとに分けたある郡のその年度の卒業生が空欄になっている。今なら理解できることで、それほど話題にもならないことだが、聞いた時にはジーンとした。

＊11 満州事変《まんしゅうじへん》
一九三一年九月、奉天《ほうてん》（現在の瀋陽《シェンヤン》）郊外の柳条湖《りゅうじょうこ》で、関東軍が南満州鉄道の線路を爆破し、それを契機として始まった日本軍の中国東北への侵略戦争。

＊12 日中戦争《にっちゅうせんそう》
一九三七年七月七日、蘆溝橋《ろこうきょう》事件に始まり、一九四五年八月十五日、日本の無条件降伏にいたるまでの日本と中国の戦争。

＊13 動員《どういん》
軍を平時の編成から戦時の編成に切り替え、兵士を召集すること。また、戦争遂行のために、国内の資源・工場・人員などを政府の管理下に置くこと。

## ◆軍隊の威圧に対する反感の無力さ

今日の若い人には、軍隊言葉の語義はわかるとしても、実感としてとらえられなくなっているが、昔は「国民皆兵《こくみんかいへい》」という制度に締めつけられて、男子は一人前になるためには兵役の義務を果たさねばならなかった。（今でも隣国ではこの制度が生きている。）これは、どこで暮らしていても吸わねばならない空気のように、万人に課せられていたもので、慣れてしまえば何とも思わないが、一旦気になると、たまらなく息苦しくなる。多くの若者は、一度はそこからの脱走を考える。だが、決行はあきらめてしまう。軍隊というものは、近隣国にとっては甚《はなは》だ不愉快な威嚇であるが、自国民にとってこそ一番の威嚇であることを忘れてはならない。したがって、これに対する抵抗あるいは離脱を考えない人はきわめて少なかったはずである。そして、それを実行することは非常に困難でもあった。

軍隊は他国に対する防衛を第一義とすると言われるが、その武力はまず自国民への威圧となり、次に軍隊内部の個々の兵員に対する抑圧として作用する。この締めつけを有効にするために日本の軍隊が掲げた原理が、明治天皇の「軍人勅諭」[*14]（一八八二年）の中で言われていた「上官の命令は朕《ちん》（わたし）の命令と心得よ」という、いわば呪いである。

*14　軍人勅諭《ぐんじんちょくゆ》　一八八二年一月、明治天皇が軍隊に与えた勅諭。天皇による軍の統率を強調し、忠節、礼儀、武勇、信義、質素の五箇条を記している。

る。一ランクの違いにすぎない階級の差を、無際限に巨大化する仕組みができてしまったのである。隊内では、最も身近な所からの監視が効き、さらに階級が一級上というだけで、不可抗の権力を振り回すことができる。逃げ出したいけれども、逃げ出せない監視機構がそこにあった。しかも、これが日常的なものであるから、監禁されているという感覚も麻痺してしまうのだ。

## ◆軍隊の暗部

天皇制があったから軍隊制度が呪縛になったと言われている。そのとおりだと思うが、それなら、天皇制がなければ軍隊制度は呪わしいものではないのかというと、そうとは言えない。天皇制以外にも暗黒部がある。日本社会には至る所に表と裏がある。軍隊の中にも「裏社会」がある。表向きそういうものは「ない」ことになっているが、実際には隠然とあった。陸軍にも海軍にもあった。

組織が大きいほど裏社会ははびこりやすい。こういう話をすること自体「裏ばなし」に属するので品位を欠くと見られるから言わないほうが好ましいのだが、実際にそういうものがあったことは知っておいてもらいたい。今日の自衛隊にも隠然とある。（実際に、ときどき民事訴訟が起こっている。）軍隊を単純化して、そのようなものはないことにして、それでわかったことにしていくのはかなり問題である。

私は海軍にいた時、幸い小さな艦艇に勤務した。そこでは裏社会のことは見えにくく、また発生しにくいところでもあった。具体例をあげれば、「私的制裁」、簡単に言えば、凄まじい「イジメ」である。日課が終わって、「巡検[＊15]」という儀式が終わり、兵員が就寝したあとで裏社会が動き出す。「甲板整列！」という号令で下級の兵は叩き起こされ、新たに下士官になった者が「シゴキ」を担当する。理由があって制裁が加えられることもあるが、理由がなくても始まることがある。これで「気合いが入る」（と言われる）。士官らはこの行事を知っていても、手を出さないし、知らぬふりをする。

私の勤務した海防艦[＊16]では、艦長がこうしたことをとても嫌った。もともと外国航路の船長で、予備役[＊17]で召集された人だった。最初、掃海艇[＊18]の艇長であったが、すでに定着していたこの悪弊をその時はなくすことができなかったそうだ。やがて新造艦の艦長として艦内の規定を新しく決めることができるようになった時に、私的制裁を認めないことを宣言した。他の艦から転勤してきた者にとっては勝手の違うことのようだったが、この艦長の規定はだいたい守られたようである。私がその艦の乗組員になったのは、この艦長が就役して二か月めであったが、裏社会はほとんど見られなかった。この面のことを取り仕切る先任下士官（最古参の下士官で、艦内秩序を守らせる人）が悪弊封じに積極的だったので、未然に芽を摘み取ってくれたようである。ただし、完全に封じられた状態だったかといえば、そうとも言えなかった。

＊15 巡検《じゅんけん》
海軍では、作業終了ののち、巡検ラッパが鳴り行われる、艦内あるいは陸上部隊内の検閲のこと。

＊16 海防艦《かいぼうかん》
第二次世界大戦中、輸送船護衛のため、大量に造られた小艦艇。

＊17 予備役《よびえき》
現役を終わった軍人が一定期間服する兵役のこと。非常時にのみ召集され、軍務に服する。

＊18 掃海艇《そうかいてい》
海中に敷設された機雷の排除を目的とした艦の艦船分類。

## ◆日本の軍隊は特殊なのか？

思い起こされるのは、戦争中、学生の間で人気のあった『ドイツ戦没学生の手紙』という岩波新書である。天皇制とは無縁の世界で、ドイツの学生が戦争と死を眼前に見据えながら、静かに思索して文書にしたものである。そう読めた。だから、日本軍隊の中でもそれと共通した精神作業がかなりできるのではないか、と期待した学生が少なくなかったようだ。

しかし、実際に軍隊の中に置かれた時、ドイツの学生の書くような文章はとても書けなかった。私も同様だった。恥ずかしいことなので、そのように感じた人はみな黙っているけれども、彼我の精神的環境の落差は大きい。

やがて、第二次世界大戦に参戦したドイツの戦没学生の手記も編集され、戦後の日本でも紹介された。私も当然、飛びついて読んだ。それを書いたのは私と同時代の人である。先の『ドイツ戦没学生の手紙』と違って、同世代人の共通感覚があるのではないかと期待した。住んでいる国の精神風土の違いをさておくとして、なおそれ以外の違いが読み取れるのではないか。そう期待した。確かに違いがある。だが、ドイツと日本とを見比べても、茶飲み話程度の話題にしかならないことがわかった。国柄が違えば、戦う兵士たちの生きる姿勢が違うとは一応言えるにしても、それだけを論じて何になるのかと、生きて帰った学徒兵たちは考えたはずである。

軍隊そのものに問題がある。その問題性を抑制することはある程度できる。国情の違いを軍隊内の道義性に、ある程度反映させることはできる。それでも、威嚇や殺人の肯定の上に成立する軍隊が道義的集団であることは、所詮無理なことである。平和のためには、軍隊の保有をやめなければならないのである。

それでも、軍隊制度と天皇制とが結びつく時、両者の不条理性が相乗効果を発揮することは確かである。しかし、とにかく天皇制を脇に置いて、「軍隊」という万国共通の悪の制度を考えなければならない。

軍隊は人を「職務への忠誠」という一見美しい鎖で縛り、生死を分ける脅迫をする制度である。殺されてはたまらないと思う時、自制の枠を簡単に越えて、自分が生き残るために殺戮を行う。国際法として「陸戦規定」[*19]というものが作られたが、これを守っていては戦争に勝てないではないかと、どこの国でも軍人たちは考える。軍隊の弊害を除去するためには、とにかく軍隊そのものをなくすほかないのだ。

防衛とは敗けないための処置だと思われているが、勝ち戦ならば不幸にならないのであろうか。昔は、敗けることが不幸であり、呪詛《じゅそ》であり、人間としての屈辱だと考えられていた。だが、現代ではそうでない。勝っても敗けても不幸があると人類は気づいている。敗戦のトラウマがあることは事実だが、勝ち戦であってもPTSD（心的外傷後

＊19 陸戦《りくせん》規定《きてい》（ハーグ陸戦条約）
いわゆる戦時国際法の一つで、一八九九年のハーグ平和会議で制定された多国間条約。
交戦者の定義や、宣戦布告、戦闘員・非戦闘員の定義、捕虜・傷病者の扱い、使用してはならない戦術、降服・休戦などが規定されている。

ストレス障害）に苦しみ、自死する者が少なくない。太平洋戦争でもそうであったようだが、ベトナム戦争[*20]以後のアメリカの帰還兵の間で精神障害が増えていることを見れば、明らかである。

「職務への忠誠」という美しい言葉が、人を殺し、次には自分を殺す作用をしていることにわれわれはもっと敏感でなければならない。

もうひとこと、余計なことと言われるかもしれないが、キリスト者にとって無視できない重大なことは、アメリカの兵士に「職務への忠誠」を最も有効に教えているのが軍隊付牧師らしいということである。これについては、ここでは詳しいことは述べないでおく。

## ◆軍人であったことの負い目

非戦闘員であった一般市民との比較も考えなければならない。市民の生活を守れなかった責任が軍人にはあるはずである。予備員であっても軍務に就いた以上は現役と同格である。それとともに、国民の多くが食糧不足に苦しんでいた時、軍艦や航空機勤務者はそれなりの栄養を摂っていたことは、悪事とは言えないまでも歴然たる差別であるから、負い目は当然残る。

＊20 ベトナム戦争
「宣戦布告なき戦争」と言われ、始まりについては諸説あるが、一九六五年の北爆開始からとされることが多い。一九七五年に終結。
ベトナムが南北に分断された後、北ベトナムの共産化を恐れたアメリカが南ベトナムの支援を口実に介入。北ベトナム軍・南ベトナム解放勢力VS南ベトナム政府軍・アメリカ軍で戦った戦争。

そして、日本の民衆に対する責任だけでなく、それよりもはるかに重い負い目を、日本の侵略で甚大な犠牲を強いられた国々の人たちにも対して負わねばならない。このことについては、機会を改めて語りたいと思う。

けれども、一番重く受けとめなければならないのは、神に対する負い目だと思う。「天皇神格化」の体制に逆らうことをしなかったし、「殺すなかれ」の戒めを無視する機構である軍隊にいて、自分の手で人を殺すことこそなかったとはいえ、殺人目的の組織を構成していた連帯責任を免れることはできない。

辻堂演習にて。前列右から二人目が筆者（1944年5月）。

戦争と軍隊によって行われた他者への加害のほかに、「自分自身に対する加害」があり、その「責任」がある。これは、私自身が承認すれば手続きとしてはすむことだから簡単である。すなわち、権力に迎合しているつもりはないと言いつつ、実際は国家の誘導に乗せられるままに、自分の思想でないのに自分の本心だと思い込み、自分を言いくるめて、死を覚悟するところまで追い込んだ責任である。

しかも、それは追い込まれたからやむを得なかった、と言い抜けようとする傾向が常にあった。

強いられて従ったことは事実であるとしても、この責任は他者に転嫁できず、自分で負うほかない。そしてそれは、「良心」が自分自身にまともに向き合うことによって果たされる。

けれども、他者の言葉で自分が権力に押し流されるように道をつけておくのではなく、自分の言葉が良心に有効に作用する姿勢を構えた場合があったのではないか。私自身のことでなく、ほぼ同時期に軍隊に入った一クリスチャンの経験であるが、彼が入営する時、教会の牧師が言った。

「死ぬなよ。捕虜になってもいいから、生きて帰って来い。」

この話を聞いたのは戦争が終わってから、かなり時間が経っていたが、私にとっては臨場感溢れる言葉であった。私に、そのようなはなむけの言葉を語ってくれる人が牧師として立ってくれたことはなかった。同じ言葉を聞いていたなら、軽々しく「一死覚悟」などと言えなかったと断言できるかどうかわからないため、これ以上論じることはしない。けれども、こういう言葉を聞いていたなら、「死の覚悟」と言う前に考えることがあったのではないかと思う。考え直させられる言葉を聞く機会が少なすぎたように思う。

とにかく、他者と自己に対する責任という点がしっかりわかってこそ、「抵抗する」

正当性の確信をもつことができるのである。それまである程度抱いていた権威に対する嫌悪感は、感覚的な「反抗心」にすぎないのかもしれない。その程度の反抗心も、必ずしも無意味とは言えないかもしれないが、「抵抗権」を主体的に行使することとは別のものである。単純な反抗感情をそそるのとは異なる考えさせる言葉が発信されていなければならない。「考えさせる言葉」を聞くことのできない民は滅びる。こう述べている私は、戦争中そのような言葉を聞けなかったのである。

## ◆前線に出て、やっと開眼する

以上のようなことに気づき始めたのは、前線に出た最初の朝であった。最初の朝で一挙に全部がつかめたわけではない。そのあとも少しずつ考えを深めようとした。だが、「考える」という営みに必要な静謐《せいひつ》とか、長時間の精神集中とかが確保しにくい環境では、それもなかなか難しかった。

一九四四年十二月二十五日に少尉任官、同日付で第四海上護衛隊司令部付に任じられ、私は沖縄に向かった。国内の交通がずいぶん不便になっていたが、なんとか鹿児島で沖縄行きの便を探し、ちょうど敷設艇[*21]「怒和島《ぬわじま》」が停泊していたので、電測学校[*22]から同行した新任士官とともに便乗を申し入れた。

＊21 敷設艇《ふせってい》
機雷敷設の目的で造られた千トン足らずの小艦艇。

＊22 電測学校《でんそくがっこう》
電波探信儀（電探）を操作する士官と下士官と兵を養成するため、急遽作られた海軍の学校。予備学生はここで六か月の訓練を受けた。

「怒和島」が出航したのは、一月十五日の夜半である。暗くなってから埠頭に行ってみると、艇の姿がない。はしけ船が現れて「怒和島」の舷側《げんそく》まで運んでくれ、はしごもかけずに甲板によじ登る。これは沖縄行きの船団を護衛している艦艇で、便乗者の居場所はない。爆雷庫の爆雷の上に板を渡し、毛布を敷いたのが寝台である。「信管は抜いてありますから、爆発はしません」と言われたが、一瞬ひるんだ。余談であるが、同じ爆雷庫の一方の隅には、沖縄まで行って、指定された海防艦に乗艦する兵員六名も押し込まれた。あとでわかったが、それは全員、私が分隊士を勤める第三分隊員であった。

翌朝、甲板に出てみると、艇は大隅半島の先端をまもなく離れようとするところだった。太平洋に乗り出す最初の朝である。前方には、海中から富士山が突き出たような格好で屋久島がそびえている。怒和島のディーゼルエンジンは軽い音を立てて回っている。

日本を離れたなら、そこはもう前線である。当時、いつ襲撃を受けてもおかしくなかった。鹿児島湾を出たところに潜水艦が待ち構えているらしい。追尾が始まるが、こちらには狙われているかどうかもわかっていない。夜になるのを待って潜水艦からの襲撃が始まる。一船団がごっそり沈む。そういうものだと電測学校では聞いていた。鹿児島には海軍の連絡機関として武官府[*23]というものがあり、そこでも輸送船の最近の遭難状況を教えてくれた。

初めて見る景色で、特別美しいとは感じなかったが、清々しい朝の光と空気には感銘した。その時、「おまえが死ぬのは、このような美しい海原においてなのだぞ」と自分

＊23 武官府《ぶかんふ》
士官を長とする小部隊・海軍の連絡機関。市内のビルの一室を用いた連絡所のようなもの。

に言い聞かせた。そして、どのようなことが続いて起こるのかを想像してみた。

思い描くことは容易であった。いきなり魚雷[*24]の航跡（圧搾空気の白い泡のすじ）がみるみる近づいて来て、避けるまもなくこちらに命中。艇はたちまち轟沈。それに伴ってこちらが積んでいる爆雷が誘発することがある。そういう時には、いっしょに行動していた他の輸送船と護衛艦にも魚雷が命中しているわけで、船団は一挙に壊滅するのである。後日、そのとおりの場面を目撃することになった。

助けがどこかから来てくれないか、とあてにすることはできない。護衛する役目ののが、自分の命を守るのがやっとである。私はしばらく何かにつかまって泳いでいるだろうが、やがて力尽き、浮遊死体の一つとなって黒潮に乗って流れていく。早速、魚の群れが死体を食い尽くし、何も残らない。しばらくすると、海面は何事もなかったかのように静まりかえる。

## ◆壮烈なる戦死？

そこまではまだいい。そのあとが続く。何日かして海軍省の発表が官報に掲載するために書かれる。

「某月某日、渡辺少尉は南方洋上において壮烈なる戦死を遂げたり。」

＊24 魚雷《ぎょらい》
「魚形水雷」の略。艦艇や航空機から発射し、水中を自走して敵艦船を撃沈させる。
特に潜水艦から圧搾空気を動力としているため、航跡を早く発見できれば回避できる場合もある。

文面がこのとおりかどうかはわからない。現場を見ても見なくても書ける「お決まりの文章」が作られる。けれども、実際は全く無意味な死を遂げるのである。それだけなら我慢するほかない。ところが、それを無関係な人が現場を知りもせず、ありきたりの語句を並べて「壮烈なる戦死」などと作文を書く。この作り事には我慢できない。

そこでハッと思いあたったのは、戦争とは全体としてそのような嘘つくりの連鎖だということである。今さら気づくまでもないことだが、気づこうとしないままに嘘の連鎖が続けられ、自分自身もその連鎖に加担している。ここに至って、「だまされた」と気づいたのだが、思い返せば、本当はわかっていたのに「だまし事」を見て見ぬふりをしていただけなのである。だました者が悪いには違いないとしても、自分で自分をだましていたのである。だまされた以上の重い責任が私自身にある。笑われるかもしれないが、冷や汗がドッと出た。

自己の非を認めてこそ、相手の非を論難する資格が得られる。「抵抗」の真似事なら、自分の意に添わないあらゆることに突っかかっていけばよい。しかし、正当性のある抵抗、「抵抗権」に基づく抵抗、信仰による抵抗ならば、自らを吟味することがあってこそ、他者の過ちに対して対抗することができる。

ここでやっと「思想としての抵抗権」の入り口にたどりついたことになる。それまで抵抗に関していくらかのことを考えていたが、全部「遊び事」であった。ここに至ってようやく遊びから離れたのである。

何日か経て、怒和島は那覇に入港した。港内には艦首をもぎ取られた海防艦が浮かんでいる。私の近未来像にさらに近づいたようだ。三日目に台湾からの船団が入港し、その護衛艦の第四四号海防艦の一乗組員になる。

## ◆思考を凍結させて

ここで死ぬことの無意味なことはわかったが、私は戦争のただ中で、「抵抗権」を発動させようとはしなかった。また、できなかった。(本当にできなかったのか、と何度か考えたが、そこまで考える必要があるかどうか、まだわかっていない。)とにかく、突きつめて考えることは当分凍結するほかないと思ったのである。

「私の本心はこれだ。私はもう無意味な軍務に服することはしない!」と宣言することができたかもしれない。しかし、艦内は大騒動になろう。それぞれに持ち場が決まっているのだから、私が自分の持ち場を放

丁型海防艦(第44号海防艦と同じ型)

棄したならば、混乱が起こるだろう。その混乱の中で、みんなが最高度の緊張をもって警戒して回避しなければならない魚雷が命中し、艦が沈没するかもしれない。

一人の男が本心を吐露することで、艦全員の破滅を引き起こすことは許されないのではないか。「私事」は封印しなければならない。当時、私はそう結論した。戦争がすむまでは、定められた勤務を規定どおり遂行し、胸中の思いは内に秘めておくほかない。怒和島にいた時は、まだ職務をもたない便乗者であるから自由に何を考えてもよかった。しかし、軍艦の乗組員になったならば、勤務以外のことを考える余裕がなくなる。出航すれば、戦闘態勢ではなくても、それに近い哨戒態勢[*25]の第三ランクになる。二時間の当直が日に四回まわってきて、艦橋に上る。立って見ているだけだが、担当している視界内の変化の一切と航行の状況を掌握しなければならない。だから、二時間当直に立つと、神経はそれこそ擦り減ってしまう。見張り以外に何か考え事をするゆとりなど全くない。

心にあることを言わないのは不自然であり、真実を隠すことであるが、任務以外の要件に気を取られれば、重大な不都合が起こるし、他のだれかに迷惑をかけることになりかねない。だから、今は考えたことを実行に移すのを控える猶予期間であると割り切ることにした。それで内心に葛藤が生じることはなかった。戦争はまもなく終わるという予想があったから、割り切れたのである。

もっともこの予想には、戦争終結以前に自分の命がなくなっているという、もう一つの予想が結びついていたため、責任をかなり棚上げした判断だと言われるかと思うが、

＊25 哨戒《しょうかい》態勢
敵の襲撃を警戒して、見張りをしている状態。艦船は航行中、常時見張りを立てねばならないが、哨戒態勢となれば、見張りを増やす。戦闘状態には程度差がある。

とにかく事実はこういうところであった。

さて、この小さい書物の主題である「抵抗」についてであるが、軍隊や戦争以外にも、権力に対する抵抗を考えなければならない局面はたくさんある。だが、初歩の段階では、私の自覚も知識も次元が低かったため、抵抗の機会を考える広い視野が開けることはなかった。この点は無学、低意識、あるいは思考力不足ということで片づけてよいかもしれない。私がこのことを恥ずかしく感じるようになったのは、後になって、もっと社会意識の進んだ人が同年代にもいることに気づいてからである。

## ◆逆らうことの難しさ

ところで、全国民を戦争に駆り立てる雰囲気の中でひとり抵抗したとして、何かできたであろうか。今は私個人の事実だけを述べるが、確かに、当時の私は知恵をいくら絞っても何もできず、たとい蛮勇をふるって行動を起こしたとしても、惨憺《さんたん》たる破滅に終わるほかなかったであろうと思う。初めからそんな予感があったから、何もできなかったというのが真相である。

とはいっても、自分が何も抵抗しなかったことについての悔い、恥ずかしさ、無念さは心に残った。こういう場合に何もしないのはやましいことではなく、これこそ英知と勇気のある行動だという意味の諺があったように思う。それをいくらか知っていたために態度決定ができなかったのだが、私の知的要素も精神的要素も、抵抗を成り立たせるのに足りなかったのである。

わけても「信仰」がはっきりしていなかった、というところまでは考えつくことができた。だから、後日「信仰」によって「抵抗」を実行するということを追い求めるようになったのである。それは、戦争に生き残った生涯を通じて担っていかねばならない課題となった。私自身の人生の初歩段階における抵抗意識の低さについて、これ以上述懐しても人さまのお役に立たないので、ここで打ち切りにする。

これまで、「抵抗」を、信仰と必ずしも結びついていない個人的内面のこととして述べてきた。「抵抗」を現実問題としてとらえる時には信仰だけでなく、生のあらゆる局面とも関係してくる。そのため、それらと切り離して信仰との関係だけで、抵抗について論じることはしない。しかし、事柄の核心を明らかにするために、できるだけ「信仰による抵抗」に的を絞って考えてみたい。

＊26 **終戦《しゅうせん》の詔勅《しょうちょく》**
一九四五年八月十五日、ラジオ放送を通して、日本の降伏を天皇の肉声で伝えたもの。玉音《ぎょくおん》放送。

＊27 **慰安婦《いあんふ》問題**
中国、朝鮮半島、台湾、その他占領地の女性が、日本軍の慰安所に集められ、将兵に性的奉仕を強いられた「慰安婦」制度にまつわる問題。

＊28 **俘虜《ふりょ》**
捕虜ともいう。

＊29 **南京《なんきん》虐殺**
一九三七年十月に、日本軍が中華民国（当

## ◆敗戦感覚の忌避

戦後のことであるが、「敗戦」という用語を使いたがらない一群の人たちがいる。つまり、「敗戦」の意識をもつまいとし、「終戦の詔勅」[26]が発せられたから、それに従って戦闘状態を終わらせただけであって、「敗戦」もない。「戦争責任」もない。まして戦後責任や慰安婦問題[27]、俘虜虐殺[28]、強制連行、南京虐殺[29]なるものを考える必要もない。そういうものがあるかのように言う〝非国民〟がいるがそんな事実はない、と断言する人たちだ。こうした詭弁が以前からあったが、この風潮は近年ますます激しくなっている。

「敗戦」を考えないで恥ずかしくないという気風が一世を風靡している。戦争の痛みを味わったことのない人が人口の大部分を占めるようになったことも、意識の変化の原因になっているようである。戦争の事実を語り伝える人が少なすぎたのであろうか。

けれども、「ポツダム宣言」[30]がなされ、それを受諾せざるを得なかった事実そのものがまさに日本の敗戦であった。まぎれもない「全面降伏」が行われ、「武装解除」[31]に服して、武器を差し出さなければならなかった。その事実とまともに向き合わないで逃げていた人たちが、敗戦という言葉から逃げているにすぎないのである。

私は「終戦」という語は使わず、つとめて「敗戦」と呼ぶことにしてきた。戦争をや

時）の首都・南京を占領した際、市民や捕虜らを殺害した事件。略奪や放火、暴行も多数行われた。死者数は数万人から数十万人まで諸説あり、現在も論争が続いている。

＊30 ポツダム宣言
連合軍がドイツを占領したのち、アメリカ、イギリス、中国、そしてソ連の代表が、ドイツのポツダムで会合をもち、一九四五年七月二十六日、日本に対して降伏を求め、戦後の日本の占領を確定して宣言した。日本は八月十四日にこれを受諾。

＊31 武装解除《ぶそうかいじょ》
降伏者・捕虜などから武器を取り上げること。

めただけなら、深く考えることは必要なかったし、自分を変革しなくてよかった。しかし、敗戦を深く味わったなら、敗軍の将校でありながら生還した後は、恥を感じ、翻って生き直さなければならなかった。

私は実際の戦闘に携わったが、敵と遭遇しただけで、全面的に敗戦であったということを承知している。戦闘に入る前から結果は見えていた。だから、終戦以前から敗戦が見えていたと言ってよい。

どうしてそのようにあっさりと言えるのか、と疑う人がおられるであろうが、決して無責任な放談をしているわけではない。私の扱っていた兵器は、「電探」（ラディオロケーター）という日本海軍では最先端の電子兵器である。こちらから極超短波の電波を出し、物体に当たって跳ね返ってきた反射波をとらえて、反射させた物体がどこにあるか、どのくらいの大きさの物かを測る機械である。その機械の性能が先方と当方とでは段違いだった。先方のものは「レーダー」で、こちらの「ラディオロケーター」とは構造が違う。あちらのものは全方向が一目で把握できるのに、こちらの機械では一方向の距離だけしかわからない。電波の発信・受信の性能も大違いである。こちらが敵を見つけるより先に見つけられてしまっている。

それで、先に攻撃を受けてしまい、それから応戦しても勝負はすでについている。絶対に勝てない。兵器の扱いの熟練度なども問題にならなかった。簡単に言えば、出航すれば沈められる。沈められなかったケースは稀なのだ。それがわかっていながら、降参もせず、職務放棄もせず、恐怖の錯乱にも陥らず、健気に本務を尽くしたのは、自分を含めて、よほど愚鈍だったからか、あきらめが早かったからであろうと言うほかはない。

　そのように、敗北の覚悟が十分にあったとはいえ、停戦命令が出て軍隊が解体し、軍艦が武装解除された姿を見た時は、船団全滅を目の当たりにした時とは別の情けなさ、つらい思いが襲ってきた。それで、「敗戦」を「終戦」と言い換えて平気でいられる神経の人とは別の生き方をしてきたわけである。――戦争を経験していない世代の人はこの点、特に気をつけてもらいたい。

　ただし私は、敗けて悔しかったとか、いつか勝利を取り戻したいとは思わなかった。むしろ敗戦に徹するようにした。実際、敗けてよかった。戦争がこれでなくなることは自国にとってもよかった。敗けたからこそいくらかでも賢くなり、謙虚になり、反省し、悔い改めて、再生できたからである。私がそうであり、日本もそうである。

## ◆敗戦責任と戦争責任

　初めから敗けるほかない戦争に出て行ったのだから、敗戦は当然であって、敗戦について詫びなければならない相手はいない。しかし、私は「敗戦」を他人事とは思わなかった。自分自身が敗戦の責任者だとは言わないが、間違いなく当事者だと受けとめてきた。――断るまでもないことだが、これは二重橋[*32]の前に行って土下座して敗戦を天皇に詫びた人の心情と通じるところは何もない。

私は敗れた責任を負うべきだとは思っていない。私の落ち度で敗れたわけではない。それでも、あの劣勢であれだけもちこたえたのは見上げたものだ、とねぎらってもらいたいとも思わない。敗けて当然だったのだ。だが、敗けるとわかっていながら、その判断を速やかに公言しなかった不真実の責任は免れないと思っている。

さらに、一般国民が戦況について何も教えられていないのと違って、軍の部内では情報はかなり知らされていたので、欺かれ続けた人たちには甚だ申し訳ないと感じた。また、占領軍兵士の満ち足りた顔と、それとは対照的な被占領民の飢えた顔とを見比べるにつけ、敗戦国民の貧しさを忍ぶのは敗軍の将校であった者であり、負わねばならない負い目だと考えるようにした。しかし、米軍や米国人に対して卑屈になることはないと胸を張っていた。

「軍人としての誇りをもて」と、しばしば聞かされていた。真面目に聞くに値することだと思わなかったから、聞き流していたが、「誇り」ということには今も引っかかりを覚えている。誇ることは一つもない。軍隊にいたのは一年と八か月だが、初めの一か月は海軍二等水兵で、誇りとは無関係の生活であった。むしろ、誇りを奪い取られる生活だった。その期間が短いから、屈辱にも我慢して耐えた。しかし、その次の期間、「将校学生としての矜持《きょうじ》（誇り）をもて」としきりに言われる。聞き流していたつもり

＊32 二重橋《にじゅうばし》 東京都千代田区の皇居内にある橋の通称。

だが、誇りが身についたのではないかと思う。号令をかける立場に立つことととプライドとは結びついている。そのことに気づいたので、戦後なるべく号令をかけないようになった。

## ◆軍隊と社会における階級の問題

自分が富裕層に属するとは全然思っていなかった。むしろ、無産者の側にずっといたつもりだった。軍隊に入ってからもそうだった。海防艦に乗るようになり、部下と接するようになって、この考えを変えた。彼らは明らかに不利益を背負わされている。私ははるかに恵まれた階級にいながら、そのことの自覚もなく、特権を帯びていることの負い目も感じていなかった。

そして、もう一点気づいたのは、苦労して鍛えられてきた人に見られる人間としての厚みである。生きるための苦労をあまりしないで上の社会層にいる予備学生の中には、苦労して生きてきた人の厚みが読めない人も少なくなかった。

敗戦によって、軍隊が保持していた階層は消えた。解体していく軍隊の中で、一人の若い下士官が、「これからはみんな苦労するが、自分たちは雑草のようなものだから、踏みつけられても何とかやっていく。しかし、苦労なしでやってきた分隊士[*33]はこれから

＊33 分隊士《ぶんたいし》　艦内は職務を共通にするいくつかの分隊に分かれる。分隊長が統括するが、細部の指導、生活全般のことをするのは分隊長付士官で、これを分隊士と略称する。

苦労するだろうな」と好意的な同情を語った。私はその人情の厚さにハッとしたが、同時に気づいたのは、社会の階級制は敗戦によってもなくならないということであった。

私はその下士官に、「自分も苦労しなければならないと覚悟しているけれども、おまえのほうがもっと苦労するよ」と言った。その後も連絡を取り合っていたので、数年後九州に行った機会に、炭鉱で働いている彼を訪ねた。彼は非常に喜んでくれ、炭鉱では労働組合が強いから待遇はいいという。炭鉱長屋の悲惨さは昔話だと言っていた。またその数年後、彼は、東京に住む私を捜して訪ねてくれた。炭鉱が閉山になったあと、長距離トラックの運転手に転職し、ちゃんと生きていることを私に見せてくれた。驚いたことに、彼は、伝道者として働いている私に協力しようと、献金を届けに来てくれたのである。涙の出る話である。

ところが、しばらくして音信不通になってしまった。再度失職したということか、踏みつけられた雑草がまた別の地で芽を吹いたのか。それ以上捜すことができなかったのは申し訳ないことと思っている。

職業軍人なら職業柄、敗戦責任を感じたかもしれない。しかし、すでに語ったように、私は、初めから勝敗がついていた戦争だと思っていたし、職業軍人の意識もなかった。国家の危急だから予備員として出て来いと言われて応召した素人のボランティア、義勇軍だ。だから戦争が終わり、召集解除[*34]になって、元の非戦闘員の生活に戻った。将校として一時的には軍人の格好をして、それらしく振る舞ったが、戦争が終わればただの町

＊34　召集《しょうしゅう》解除《かいじょ》
召集された予備員は、必要がなくなれば解任されて、本職に戻る。

の人である。もっとも、私は着る物がないので軍服を擦り切れるまで着ていた。占領軍[*35]の指示によって、職業軍人は戦後、公職[*36]に就けなくなった時がある。私はそれをよそごとのように思っていた。士官ではあったが職業軍人でなかったので、戦後、軍人であった経歴による身分の制約は受けなかった。規定としてはそういうことだが、戦争中は現役将校と同格の指揮権を行使していた。だから、戦争に参加しただけでなく、人の上に立って号令もかけたことの道義的責任は残っているし、号令された人よりは号令した者のほうにより重い責任があることもわかる。

　予備学生出身の予備士官であったから、生涯を軍にささげてよいという思いは全然なかった。戦争が終わった時、生きていれば召集解除で家に帰り、戦争と関係のない生活に戻るものと思っていた。ところが、そう簡単に考えてはならない事例があることに気づいた。戦争中たまたま置かれた部署のために、戦後、無実の罪、あるいは名義上の責任から戦争犯罪[*37]に問われ、処刑された人が、私と同じ立場の予備士官の中に少なからずいることを知ったのである。彼らにとって、召集解除は無意味であった。家に帰ったのに、呼び出されて拘置所に入れられ、処刑された人もいる。自分と関係がないと思って、はたしてよかったのか。

　そのことは、かなり時間が経過してから、映画や戯曲の題材として取り上げられるようになった。その主人公が実際にクリスチャンであった場合もあるし、クリスチャンとしておいたほうが観客の意識に迫りやすいと考えられたフィクションもあるようだ。

**＊35 占領軍《せんりょうぐん》**
敵地を占領した軍隊。太平洋戦争後における日本では、本土を占領したアメリカ軍を指す。

**＊36 公職《こうしょく》**
公の性格をもつ職務。公職選挙法では、国会議員・地方公共団体の首長およびその地方議会の議員、国公立学校教員の職を指す。

**＊37 戦争犯罪**
戦時国際法に違反する行為のこと。戦後、極東裁判で裁かれた犯罪。

本筋を離れた話になるので、これ以上は立ち入らないが、クリスチャンが戦犯の冤罪を被り、釈明をしなかった事件について、教会の中でもっと考えられてよかったのではないか。深刻すぎる問題なので、そのままにしておこうとされたようだが、なかったことにしておいてよいわけがない。とにかく、戦争が終わったと言われるのを聞いても、本当にそうなのかと疑わなければならないようなことが、事実たくさんあったのである。

話変わって戦後、私は平和のうちに生存する者として、平和のために生きなければならないと肚を据え、実際、平和のために懸命に生きてきた。ところが、年老いたある日、京都に行った際に立命館大学の「国際平和ミュージアム」[*38]を訪れた。そして、そこで予期しない衝撃を受けた。というのは、戦争と平和のことを一心に学び、また考えてきたつもりだったのだが、そのミュージアムの展示の初めの部分についてしか、事実についての知見をもっていなかったからである。

私の知っている戦争は、日本の中と、日本の攻めて行った国々の範囲に限られていた。それ以外の地域で戦争が次々と起こり、それによって民衆の苦難が続いていて、しかも、日本もある意味でこれに関与して利益を得ているにもかかわらず、それを知らないことにしておいて、自らは平和のうちに過ごしているつもりでいた。この恐るべくも恥ずべき無知に私は目が開かれたのである。自分の意識との関連の中だけで戦争の不条理をとらえていると、戦争そのもののもつ自己増殖の魔性に呑まれてしまう。戦争をなくす努力と知性が有効に作用する領域を拡大させることが必要だったのである。

＊38 国際平和ミュージアム
一九九二年に立命館大学が設立した「世界初の大学立の平和博物館」。過去の戦争の歴史だけでなく、現代における紛争の実態、貧困、人権抑圧、環境破壊等、平和をめぐる今日の課題をも幅広く取り上げ、展示している。

# Ⅱ

# 「抵抗権」を学ぶ——歴史における「抵抗権」

## ◆戦争が終わって

戦争が終わり、早速「抵抗権」についての学びに取り組んだ。どこから手をつけるかで迷うことはなかった。かつて軍隊に入る前、自分の信仰をちゃんと確認しておかなければ、確かさのない浮遊状態のまま戦火の中で潰されてしまうであろうと予感し、慌てて神学書を読みあさったのである。そして、名声の高いジャン・カルヴァン[*39]の『キリスト教綱要』[*40]（中山昌樹訳）を遮二無二読んだものである。読み通しはしたが、じっくり読む時間がなかったため、不消化のままであった。

それで、この『キリスト教綱要』を読み返して、よく理解でき、信仰についての認識も鍛え直されることになった。

この段階では、将来カルヴァン研究に打ち込もうという計画は全くなかった。カルヴァンの神学思想の深みがまだわかっておらず、戦争に行く前にやり残した宿題をとりあえず片づけなければ格好がつかない、という程度の判断しかもっていなかった。

『キリスト教綱要』の読み直しに取りかかった時、カルヴァンに「抵抗権」という思想があったことをふと思い出したが、それがどこに書かれていたかの記憶がなかった。

初めて『キリスト教綱要』を読んだ時でも、その抵抗の原理は単純であるため、すぐ

＊39 ジャン・カルヴァン（一五〇九〜六四年）
フランス出身の神学者。宗教改革の指導者。

＊40『キリスト教綱要《こうよう》』
カルヴァンの主著。キリスト教神学の最初の組織神学書。改革派教会の神学的基礎となる。一五三六年、ラテン語で書かれ、五九年に決定版が出る。

に読み取れるはずであった。ところが恥ずかしながら、その字句の上辺をなぞっただけで、心に入ってこなかった。今度はスーッと頭にも心にも入ってきたが、かつてはこんなに平易なことすら脳裏に届かなかったとは、自分がよほど愚鈍だったからだと気づかされた。それで、謙遜に、思いを深めて学んでいった。

## ◆『キリスト教綱要』の教え

『キリスト教綱要』第四篇第二〇章にある抵抗権論をごく短くまとめると、次のようになる。〝上に立つ権威〟（ローマ一三・一）は神によって立てられたのであるから、これに従わなければならない。これと似た教え、「人の立てたすべての制度に、主のゆえに従いなさい」（Iペテロ二・一三）がある。しかし、〝上に立つ権威〟が神の戒めに反することを命じるならば、従わなくてもよい。あるいは抵抗してよい、あるいは抵抗すべきであるということになる。（「神に聞き従うより、あなたがたに聞き従うほうが、神の前に正しいかどうか、判断してください」〔使徒四・一九〕、「人に従うより、神に従うべきです」〔同五・二九〕。）

もう少し詳しく、そして現代風の言い方を交えて述べてみよう。

「神は世界に二種類の統治を立てておられる。一つは、『教会』によってなされる霊的統治、もう一つは、『国家』の地上的権能によって行われる政治的統治である。この地上的権能も神の定めによるものであるから、神を信ずる信仰をもって従わなければならない。だが、無条件に服従すべきだというのではない。神の言葉また戒めに逆らうことを命じられる時には、抵抗できる。あるいは抵抗しなければならない。」

「教会」と「国家」という二つの言葉で表される二つの秩序を一対《いっつい》のものとしてとらえるのは、今日われわれの間でよく用いられる言い方であるが、これは、第二次世界大戦後の日本の教会の中で、かつての国家による教会弾圧についての問題意識が高まった時、またキリスト教会における「靖国闘争」[*41]の時から語られるようになった。ヨーロッパの教会用語としては、日本で言う「政教分離」にやや似た含みのものとして、「教会」と「国家」が癒着しないようにするという議論の文脈の中で、一九世紀に盛んに言われたように思う。しかし、「教会」と「国家」を対《つい》として結びつけて語ることが盛んになる以前、この二つが神の主権のもとで併存しつつ、混同されない別個の機能をもつことを指摘したのは宗教改革、特にカルヴァンであった。

教会が神の支配のもとにあるのは説くまでもない。だが、神学の領域は教会の外縁まで行けばそこで途切れ、その先はないのか。そうではない。この世の統治のために立て

＊41 靖国闘争《やすくにとうそう》
東京千代田区にある靖国神社を宗教法人からはずして、国家管理化、国家維持しようとする「靖国神社法案」が、一九六九年に自民党より提出されたが（以後五回提出）、キリスト教会をはじめ、野党、新宗教などがこれに反対した一連の動き。自民党内部の異論もあって、廃案となった。

られている支配や権威も、すべて神によって立てられたものであるから、教会との関連のもとにある国家は、ある意味で神学の考察領域に入るのである。ただし、教会が国家の権力の作用領域に立ち入ることはない。教会は、教会の主から委ねられた御言葉の権威と霊的機能を行使する以上のことはできない。

## ◆服従と抵抗

信仰者は、国家秩序への服従を神への服従の一部であるとわきまえて、これに従わなければならない。このことをまず確認させられる。そして、その次に、この世の統治に従わなくてよい、あるいは従ってはならないケースの論究に移る。

「この世の秩序に服従せよ」という前提は、現代人にとって想定外の、また理解も同意も困難な見解のように感じられるかもしれない。だが、これを過去の思想と決めつけて葬ったならば議論はぶち壊しである。反発を感じる人も、とにかく語られていることを聞こう。「神による権威」としてまず立てられているからこそ、これは善であるべきであって、したがって本来これに服従しなければならない。それを根拠とするからこそ、「抵抗権」は当然の理にもとづく権利として主張できるのである。

神を信じていない人にとっては直ちには受け入れがたい論法であるが、ここでは信仰者にとっての抵抗について論じるので、その前提で考えれば、簡潔に抵抗権を打ち建てることができるから何ら不都合はない。信仰をもたない人には基本的人権としての抵抗権が永久に疎外されたと言っているのではない。今取り扱っている議論は一六世紀の議論であり、それをそのまま二一世紀でも聖書的信仰をもつクリスチャンが受け入れているというだけであって、それとは別な抵抗権理解があり得ないというわけではない。現に見られるとおり、現実の政治権力に対する対抗は、いろいろの立場の人が多様性を認め合いつつ共闘している。異なる根拠に立つ者同士の間で、根拠の違いについて議論することがあると思うが、今私たちはそういう議論をしようとは思っていない。

ということは、信じる者も信じない者もゴッチャマゼという混淆主義を立場にしなければ共闘が成り立たないということでもない。立場がハッキリしないことはアイデンティティーの欠如であって、これでは他者との協力もできないし、自分自身としても言葉において、行動において同一性を失うことになる。

ローマ人への手紙一三章一節の「神によらない権威はなく、存在している権威はすべて、神によって立てられたものです」との言葉、またペテロの手紙第一、二章一三節の「人の立てたすべての制度に、主のゆえに従いなさい」は、恒久的、普遍的原理である、ということで議論を進める。

民衆の自意識を高く評価するのが思想の進歩の方向だ、と現代人は思い込んでいるようだが、そういうことが原理になれば、傲慢と傲慢との果てしない衝突が起こり、あるいは巧智にたけて他者を有効に制圧する者だけが統治することになり、これでは弱者を含んでいる被造物にとって不幸でしかない。万物の創造主は、造られた世界を見て「よし」とされた。ご自身の「義」と「公平」のもとで被造物が安らかに保たれることを善しとされたのである。権威を行使する者は、寛容、温和、謙遜、人間の脆弱《ぜいじゃく》さを知る英知などを身につけねばならない。

人間の知恵比べ、あるいは腕力比べで優劣を決め、優位に立つと認められる者に支配を委ね、弱者は下位につくことに甘んじ、それが秩序になるというのでなく、別の原理が立つのである。すなわち、何が善であり悪であるか、何が破綻することのない安定であるかを明らかにする法があって、その法にしたがって統治が行われ、そういう体制によって国のうちの秩序と国々相互間の調和が生み出され、また保たれる。それを人々は尊ぶのである。神を知るか知らないかにかかわらず、長期にわたる英知の考察の蓄積によって、この原理の価値が認められるのである。

聖書、特に旧約聖書には、神の選びたもうた種族が統治を行うべきだという趣旨のことが書かれている箇所がある。それを根拠として、他者を支配する自称「選民」が横柄に振る舞うこともあった。しかし、聖書解釈の原理の到達目標は、旧《ふる》き契約の成就としての新しき契約、すなわちイエス・キリストによって明確になった「福音」の真理にあるのだから、自分が他の人の上に立つべきだとする原理は却下される。むしろ、低くなりたもうた主にならって、「仕える」者となるべきであると悟らせる原理が重んじられるのである。他者を仕えさせて、己の権力を止めどなく絶対化させようとする権力は、自己崩壊していくほかない。

このことは遠い昔から普遍的な知恵として、諸国民の間で学習され、改善が加えられてきたものである。ただし、改善が進む一方、人間の内にある罪によって崩壊や汚濁や腐敗も進むから、地上の支配は決して完璧に到達しない。完璧な支配は世の終わりの日の審判、全き神の国の到来を待たねばならない。

## ◆宗教改革と社会革命

歴史上、ときどき見られることであるが、「終わりの日はすでに来た」とか、「私に神のお告げがあった」と言い触らし、「これまで強制されていた服従は今やなくなった」、「自由の日が来た」と触れ回る指導者が現れて、混乱を起こすことがある。一六世紀の宗教改革の時代にも、宗教改革という精神革命と連動して、社会矛盾を解決しようとする社会変革の思想が起こり、ヨーロッパの広い地域で、農民一揆《いっき》（農民戦争）が広がった。

この時、宗教改革の指導者の多くは適切な対応を取らず、権力側にくみして、もっぱら武力による鎮静を図ったため、農民側に大きい犠牲を強いた事実は認めなければならない。

「ルター派」[*42]の宗教改革は、ほぼ全体として社会変革の思想を退けた。しかし、都市において宗教改革を起こした「改革派」の教会指導者たちは、その地区の自治を掲げる都市国家の政治的指導者との対話関係を維持していたので、「教会と国家」の機能の違いを厳密にとらえる一方、教会共同体と国家共同体とが、その成員個々人においても、生存する空間においても、分離できない現実関係にあることを理解していた。そのため、「教会」を考える原理が「国家」を考える原理と区別されつつ、関連が断ち切られることのないように、相互理解を深めたのである。

話が少し込み入ることになるが、信仰者にとって、所属する教会と所属する国家は、すべての点で結びつけて考えねばならないものとは言えない。けれども、関連は常にあるのだから、両者をそれぞれの固有の問題に関して考える場合には、考え方の交流や比喩や類推が起こるのである。

たとえば、宗教改革としては次世代の人物であるが、宗教改革の原理に沿って都市や国家の政治について考え、かつまとめをつけた政治学者にヨハンネス・アルトジウス[*43]（一五五七〜一六三八年）という人がいた。日本ではあまり知られていないが、カルヴァンの流れを汲む改革派の政治思想史の中では最も重要視されている。

私は、ヒトラー政権に比較的よく抵抗したのが改革派であることを見て、その抵抗者

＊42 ルター派
ドイツの宗教改革者マルティン・ルターの福音と信仰理解に従うキリスト教プロテスタントの一派。

＊43 ヨハンネス・アルトジウス
邦訳されているのは、オットー・フォン・ギールケ著『ヨハネス・アルトジウス』（笹川紀勝・本間信長・増田明彦訳、勁草書房、二〇一一年）がある。
これはギールケによる研究書ではあるが、ギールケによる注を含むアルトジウスの見解そのものとして読めばよい。

の人脈を探っていくうちに、改革派の神学者や牧師の闘争を支えた、改革派信仰の法学者の学的活動に注意を向けさせられ、そこでこのアルトジウスの名と影響を知ることになった。

アルトジウスの著『政治学《ポリティカ》』に聖書からの引用が多いのは驚くには当たらないが、教会共同体が一つの体であり、各々はその肢体であるという有名な箇所を引き、それを用いて政治的共同体が「ともに生きる」体なのだと言い切られている。クリスチャンにとっては、教会論の核心部が国家論の中枢部に転用されても違和感はないであろうが、クリスチャンでない政治学者がここを読めば、詳細な説明なしではすまないのではないかと思う。

私も、「教会は一つの体」という言葉を国家体制の成立の基礎と言ってしまうことは無理だと思うが、アルトジウスがこの二つを重ねて説明の必要を感じないほどの感覚をもっていた点は理解できる。くどくど論じてきたのは、教会と国家の大きな違いにもかかわらず、重ね合わせて考えることができる面があることを言わねばならなかったからである。近代ヨーロッパにおいては、教会（ここでは宗教改革の改革派）がまず地上の教会の「立憲的」性格を把握し、それに追随して国家が「立憲主義」を立てていった事実は認めざるを得ないのである。国家の立憲的性格がないがしろにされる場合、国家の存立そのものが危うくなることは、今日の日本においていよいよ憂うべき事態となって現れている。

## ◆信仰告白における抵抗権

さて、それらの宗教改革の指導者はどういう指導をしたのか。ここでは非常に簡単な言い方しかできないが、一五三〇年にドイツのルター派の改革者とその改革を支持する諸侯が帝国の国会に提示した「アウクスブルク信仰告白」の第一六条を見ることにする。(標題は直訳すれば「市民社会の事柄について」であるが、「国家秩序」と言い換えてよいであろう。)

抵抗権の学びの中心に入るのだから、相当な期待をもって読み進もうとする読者が多いと思う。思想史の全体を通観して、この時期に抵抗権思想が本格的に入ってきたと考える人は多い。そのような理解をもつ読者が、以下に述べられる「信仰告白における抵抗権」の文を読んで、予想外なものを感じて、つまずく場合が少なくないのではないだろうか。

「上に立つ権威に従え」と世々にわたって伝えられてきた生活方式とは違った、新しい、自由なものが宗教改革から生み出されたのではないかと期待されて当然なのに、その期待に沿う見解は出てこない。「上に立つ権威に従え」という昔のままの言葉がくり返されるので、読者を混乱させるかもしれない。――そのようなことにならないようにしたい。

宗教改革の時代に、宗教改革とはほぼ無関係な自由思想の領域から、抵抗権の主張が生まれ育っていたのを拾い出すことは、不可能ではないと思われる。詳しく述べていては複雑になるので、ここでは簡単に扱うが、じつは自由思想から「上に立つ権威への服従」という原理と対立する思想が生じるには早すぎたのだ。もう少し時間を置いてからなら確かに認められるのだが、宗教改革時代にはほとんど見られないのではないか。時代思想全体として言えば、思想の形をとりきれない、もっと混沌として猥雑な、暗黒とか、地獄的拘束とか、呪詛《じゅそ》とか、魔術といった、宗教的確信とはおよそ縁遠い迷信で覆われていた。そのため、権力への迎合を在来以上に持ち上げる思想ならば割合気安く唱えられたのだが、それとは逆に、「上に立つ権威への抵抗」というような強固な信念を必要とする思想は、立ち上げにくかったらしいと私は考えている。それと比べると、宗教改革とは基本的な考えで対立しているが、それなりの確信に立ってきたカトリックの思想家の中からは、運動にならなかったとしても抵抗権思想が唱えられているし、王権が宗教改革を企てたのに、抵抗して処刑された例もある。

いやむしろ、宗教改革の一翼として、急進的あるいは左派的と見られる諸派からは、弾圧も殉教も恐れないで、宗教改革主流派のそれとは別種の抵抗権思想が明確に台頭している。おおざっぱに「農民戦争」とか「再洗礼派」とかいう呼び名で括られている運動がドイツだけでなく、ヨーロッパ諸地方で活発化した。

それらと違う主流派の抵抗権思想がこの章では扱われるのである。すなわち、ここでは宗教的信念の強固さともちろん無関係ではないが、確信という角度からよりも、原理（宗教改革の原理）にしたがって、「聖書的に」かつ「信仰告白的に」神学を構築しようとしているのである。この点を理解していただくため、やや込み入った説明をすることになるかもしれない。

正統派宗教改革と左派宗教改革との対立という視点で事をとらえてしまう評論が行き渡っていること、またこのように見られて当然だという解釈があることについては説明をしない。こういう解釈では正統派宗教改革が低く見られることになる。

この見方に対し、正統派宗教改革を擁護するため、「上に立つ権威」を尊重することによって、上に立つ権威である領邦君主や諸都市の代表を宗教改革側に引き入れ、伝統的論調を強化して、とにかく今は宗教改革の地歩を確保する戦略なのだと、信仰告白のこの条項を肯定する意見もある。しかし、信仰告白の一条項でも、そのような意図で挿入されたと解釈すべきでない。これは、「アーメン」と唱えて受け入れるべき条項である。

ただし、「アウクスブルク信仰告白」がこの条項について、もう少し詳しく説いてくれれば事柄はもっと明白になったといえる。現代の理解者ならば、ここに「教会と国家」の原理的把握が提示されたと読み取って、理解を一挙に深めることができるのではないかと期待する。

世々にわたって伝えられたことと言ったが、「上にある権威に従え」という教えは、古くから自明のものとされ、これが教会の信仰告白の条項に加えられたことはなかった。これまでの信仰告白は、すべて「我は信ず」、または「我らは信ず」という形の文章である。そして、何を信ずるかは、第一に、信じられる対象であるお方、すなわち三位一体の神と、神のなしたもう救いの方式であった。それが信仰の基本的内容であることは言うまでもない。

宗教改革とそれ以後の信仰告白のほとんども、「我は信ず」、または「我らは信ず」の形式であって、基本形式の変更はない。ただ、宗教改革の信仰告白のうちに、「我は信ず」でなく、「……と教えられる」という形式のものがある。「アウクスブルク信仰告白」はその形式を採った。しかし、それは「我は何々を信ずる」という形式と違ったものでなく、同じであると見てよい。

信仰告白の文言の形式は一見同じでないが、「我は信ず」の形の告白は、そのまま神に対する信仰の表明であるとともに、同じ信仰をもつ者同士、「公同的」合意の表明であり、さらに、告白を受けるお方、および告白者以外の第三者、特にそのように表明される信仰に対して、無関心ないし対立的な者に聞かせる信仰者の信仰表明としても用いられる。この場合は、告白者の生命と安全すら危うくするものがあった。その事情については、今ここで論じないが、告白することの関連事項として心に留めてよい。

## ◆「上にある権威」とは

「アウクスブルク信仰告白」は成立の由来から見ていくならば、帝国（神聖ローマ帝国）の権威に向けて、宗教改革をしていこうとする信仰共同体が名を連ねて、「自分たちはこのように教えることによって、教会として立つ」と表明し、自らの信仰の正当性を認めさせようとした告白である。これまで、教会はローマ聖座のもとにある一つなるものであり、帝国もそれに符合した「神聖ローマ帝国」と唱えられる統一帝国しかない、との考えが自明のことと考えられ、帝国内の一致と公同の教会の一つは結びつけられていた。だから、一つなる帝国の内に、異説を教える群れがあることを帝国としては放置できない。そこで、異説を教える教会は帝国の国会に自己の信仰を表明し、承認を得ることが必要とされたのである。

一つの帝国と一つの教会を無造作に重ねて理解しているこの考えは、今日のわれわれの常識になっている「教会と国家」の理解とは離れすぎているが、そういう当時の状況のもとで「アウクスブルク信仰告白」は成立したのであり、この告白の文言も、そういう事情でこういうことになったのだと、やや面倒でも理解しておこう。

一つなる教会はこれしかない、と思われているのに対し、「われわれの教会ではこう教えている」という形式で表明するが、「ある条項はローマ・カトリック教会が教えるものと同じであり、ある条項は聖書の教えにしたがって訂正したものであって、この教えのほうが正しい」と言ったのである。

そこでは「教える」という表明形式をとり、「教える教会」であることに強調点がある。教えるという点に強調が置かれるとは、教会とは教える教会なのだ、すなわち教理と説教によって立つのであって、儀式や礼典や伝統や慣習によって存立するのではないという含みもある。

さらに、もう一つの関連項目が含まれる。「上に立つ権威」については、権威の頂上に立つ王だけでなく、王の統率のもとにある支配機構全体が含まれている。「国家秩序」と言い換えてよい。だからペテロの手紙では、もっと広汎に「すべて人の立てた権威」と言うが、これは適切な言い換えであって、混乱はない。

問題になるのは、王と自称するけれども、王でない者がいることである。聖書の書かれた時代にはまだそんなものはなかったというなら簡単だが、王でないのに王だと自称する者、あるいは王だと自称しないが実質的に王のように権力を行使する者はもっと前からいて、王たる者と、それに紛れやすい暴行者の違いは、ずっと以前の哲学者も、たとえばアリストテレスも論じている。一般的に用いる用語で、「王」と「僭主」は全く別の言葉であるから、言葉を使っての議論の中では混乱はないかもしれない。しかし、おそらく僭主は、自分は僭主でなく本物の王だと言い、そう言わせる。そのとき混乱が必ず起こる。

昔からそうであったのだから、抵抗権が広く論じられるようになった宗教改革時代に、当然「僭主」のことは広い領域で考えられた。それをわれわれの議論の中に持ち込むことは混乱を起こすかもしれないが、幸いこの時代、信仰者の課題としての抵抗を論じる範囲では、「王か僭主か」という議論は必要でなかった。というのは、封建制度が領主と家臣との間の契約として一応安定し、その領主の上に王が立つのだから、王と称する者がじつは王でない、という議論を起こすことは当時としてはなかったからであろう。

ここでは、「上にある権威」に従うことが神の御旨であると確認するとともに、神の命令に反することを命じる権威には抵抗することができる、あるいは抵抗すべきである、ということが明らかにされる。これが「抵抗権」の基礎である。ただし、宗教改革によって新しく発見された原理ではなく、「人に従うより、神に従うべきです」（使徒五・二九）との古くからの原理の再確認である。しかし、この聖句が教会のあり方を規定する法的条項として取り上げられたのは初めてであった。

以下に掲げる「アウクスブルク信仰告白」第一六項の日本語訳文は、『一致信条書』（信条集専門委員会訳、一九八二年、聖文舎発行）の四五頁以下から採ったものに、筆者が若干手を加えた。この信仰告白についての解説が必要な方は、この『一致信条集』の解説を読むことをおすすめする。なお、日本語版では「アウグスブルク信仰告白」と記されているが、本書では「アウクスブルク信仰告白」と書くことにした。

**「アウクスブルク信仰告白」第一六項**

「市民社会の事柄については以下のように教えられる。市民社会の正しい秩序は、パウロが証しするように、神の善き御業であり、御定めである。それは神の定めたもうた権力によってなされる。それゆえ、キリスト者は官職につき、裁判を行い、主権と現行法に基づいて事を判定し、法によって死刑を執行し、正当なる戦争をし、軍務に服し、法に従った取引を行い、財産を保有し、公権力から要請される誓約をなし、正当な婚姻の誓約を結び、正しい法に従って学芸諸般を行うことができる、と教えられる。

また、福音にかなう完全は、霊的な事柄、すなわち心の働きである、神への恐れ、信仰、愛、服従にあるのだから、社会的職務から分離することのうちにこの完全があるとする者らは却けられる。すなわち、福音は一つの意味では心のうちなる永遠の義について宣べ伝えるものであるが、他方、国政や家政を廃止するものではなく、むしろこの肉体をもって生きる生涯の間、これらの業務を神の定めとして守るべきことを最高度に要請する。これらの定めのうちで愛の修練は行われるのである。したがって、キリスト者は、上にある権威と法律に必ず服従しなければならない。ただし、罪を犯すことを命じられる場合はこの限りではない。その時は、人に従うよ

*44 フィリップ・メランヒトン（一四九七〜一五六〇年）ドイツの人文主義出身の宗教改革者であり、神学者。

りは神に従うべきである。使徒行伝五章」

この信仰告白本文に少しく注釈を添えておく。この条項はだれが見てもわかるとおり、国家秩序を守るようにとの規定を本体としたものである。抵抗権についての言及は最後の一文だけである。国法や上なる権威の命令を守れと言ってきて、最後に除外例として「抵抗権」があると言っていると読む人もあろう。そのように読んで間違いない。が、最後の一文で全体をひっくり返すこともできるという含みがある。——ただし、メランヒトン[*44]の書いたもとの文章、また同じ人が書き直した改訂版よりも、後年カルヴァンが『キリスト教綱要』の第四篇第二〇章の中で、この世における上なる権威と抵抗について論じる、さらに積極的な主張を聞くことが重要であろう。

教会の信仰告白文書で、このように「国法を守れ」という趣旨の条項を掲げる例はこれまでなかったと見ていい。信仰告白文書は初めの時以来、「何を信じるか」を確定するものであった。宗教改革の「信仰告白」も基本的には同じであるが、「何を信じるか」よりも「教会は何を教えるべきか」を教会の自己規定として定めるほうに重点を置くようになっている。

キリスト者が権力を伴う社会的職務に就くことや、その他、聖書の指示にはない慣例は禁ずべきであるという主張が、宗教改革の一翼である「再洗礼派」[*45]によってなされた。それと似たものとして、先に挙げた農民一揆の中で掲げられた主張があって、それらは

＊45　再洗礼派《さいせんれいは》

この名称は、洗礼を一回限りの霊的再生を表すものと信じるキリスト教の多数者から、忌むべきものとして蔑視の意味で呼ばれたもので、彼らが洗礼をくり返し行ったことを意味するものではない。

この一派の〝完全〟への強い志向は、イエス・キリストの山上の説教でも見られるとおり、聖書に根ざしたものと言うことができる。それが一般のキリスト教より徹底したことから、宗教改革主流派をも含む多数派から排除された。

宗教改革の主流派にとって衝撃となっていた。主流派の宗教改革を支持する有力者は領邦の君主であって、農民層の要求を受け入れることは難しかった。常識的に言えば「急進的」すぎると取られたのであろうが、考えなしに思いつきで聖書の言葉を掲げたのではない。

たとえば、イエス・キリストが「決して誓ってはいけません」（マタイ五・三四）と言われたことを根拠に、公的宣誓を禁じるとか、十戒にもいう「殺してはならない」（出エジプト二〇・一三）を根拠として死刑や戦争が否定された。このような思想は理想追求の無政府主義と見られる面があろう。

またイエス・キリストが「山上の説教」で教えておられた福音的「完全」の到来の時が今や来たのだから、この世の法による強制や拘束は不要になったという「再洗礼派」特有の「完全主義」、「かつての時と違う新しい時が来た」とする一種の終末論を、「信仰による義」を教理の核心部ととらえた宗教改革主流派は危険視して退けたものと見られる。主流派はあの時には再洗礼派を異端視したのであるが、今日では、「異端」ということはないと修正を加えている。

なお、メランヒトンによる一五四〇年の「改訂版」のこの項の本文も添えておく。大きい違いはないが、改訂版が一五三〇年の本文よりも広範囲の教会から支持されたものであるという違いがある。この改訂版はルター派教会では破棄されたが、一九四〇年にこの改訂版に賛成した改革派系教会はこれを忌避していない。カルヴァンもこの改訂版信仰告白に署名している。

改訂版本文は日本語訳がないので、メランヒトン著作集の原文から、筆者が訳した。なお、初版本も改訂版も逐語の直訳ではない。

**改訂版の本文**

「市民社会の事項についてはこう教えられる。市民社会の正しい秩序は神の恵みの御業であって、キリスト者が官職につき、裁判を行い、帝国の法やその他の現行法によって事柄を判決し、法にしたがって刑を執行し、正当に戦争をし、軍務に服し、法律にしたがって契約を結び、固有財産を所有し、官憲の要請によって誓約を行い、娶《めと》りまた嫁ぐことができる。

このような市民的な職務をキリスト者に禁じる再洗礼派は断罪される。

また、福音は永遠なる義が心の内にあると教えるのであるから、福音的完全を神への恐れと信仰に置かず、市民的な務めからの分離のうちにあるとする者らは断罪される。福音はむしろその逆であって、政治的秩序や家政的秩序を破壊することなく、神の秩序として守り、またこの秩序の中で愛の修練を行うことを最高度に要請するのである。したがって、キリスト者は必ず官憲と法律に服従しなければならない。ただし、罪を犯すことが命じられる場合は、人に従うよりも神に従うべきである。使徒行伝五章」

## ◆支配する権は神からの委託

神は信仰者に対してと同じように、無信仰者にも無差別に支配権を与えたのでなく、よしとお認めになった者にこそ、この権限をご自身の「代理人」として委託されたのであり、時には人々の思い及ばなかった者、「よもや」と思われる者にこれを託されることがある。それは神の自由に属することであるから、われわれの判断でこれを否定してはならない。ただし、神の判断でないのに当人が偽って神の判断だと主張することはある。その場合は、偽りが明らかになる時が必ず来るのを待てばよい。上なる権威から命令を受けた者は、命令の内容が神の戒めに背いていないかぎりは従っておけばよい。たとえば、ダニエルたちは王の像に礼拝することを決してしなかったが、王のそれ以外の命令は実行したのである。

神がある者に権能を授けられるのは、委託であって、永久的贈与ではない。時期が来れば返上しなければならない。そういうことで、ユダの民の支配を、ある時にはカルデヤ王に渡し、ダビデ王朝消滅後は預言者エレミヤを通じて、カルデヤ王に従うことが神の御旨であると教えたもうた。預言者ダニエルも、カルデヤ王朝の支配の時はカルデヤ王に、ペルシャ王朝に支配が移った時にはペルシャ王に仕えて行政の職務を行ったのである。

ロシア革命[*46]以後、無宗教主義の政治権力が支配する例はあったが、宗教改革の信仰告白を受け継ぐ教会は、その政府を受け入れて服従の原則を変えなかった。国家体制が変われば変わったで受け入れるのを、無原則の便宜主義と評してはならない。権力は神からのものであるとの原理が守られているのである。

しかし、世界の思想は人民主権の方向に移っていくではないか、と言われる。これはどうなのか。これでよいのである。われわれ一人一人が神から主権を行使する委託を受けたと理解すればよい。

## ◆特別な人物への委託

旧約の民の間で支配者の血統が重んじられたと見られる場合があるが、それは先祖に与えられた約束を裏切りたまわない神の真実を象徴的に示すことであって、王統や種族的出自を強調するものではなかった。また多くの人を満足させるような人選を、神がなさったように解釈する必要はない。統治する者が他の人々の上に立つように選ばれた理由は、神の深い配慮にもとづいているが、その理由は隠されていて、後になってからで

＊46 ロシア革命（一九一七年）　帝政時代末期のロシアに二度起こった人民革命（三月革命・十一月革命）。帝政を打倒し、人類史上初となる社会主義政権を樹立するに至った。

なければわからない。理由がわかっていて、それを初めに示されて、人が「従うか・従わないか」を選択するのでなく、神の立てたもうた器とみなして従う、と決断するのである。

以上に述べたのは君主制をめぐっての議論であるが、それ以外の政治形態があり得ないということではない。古い昔のイスラエルの社会は、長老の指導する部族の連合体であった。これを王の統治する体制に変更しようと会衆が申し入れた時、預言者サムエルは初め反対したけれども、あとで会衆の求めに従ったと聖書に書かれている（Ｉサムエル八章）。

政治形態はいろいろある。それが変わっていってよい。無秩序にならないこと、神がご自身のかたちに似せて造りたもうた人間が、神の似姿にふさわしい尊厳を保っていることが大切なのである。神の似姿とは何を言うのか。それは「言葉」を語り、また聞くことである。

信仰者は神から言葉を受けて、それに従うのであるから、上なる権威が神に由来すると称されている権威にもとづく命令をした場合、自らの受けた神の言葉に照らして、従うべき言葉か否かを判定することができる。上にある権威は神によって立てられたと受け取るべきであるが、無条件にそうなのではなく、神から受けたと称しているのが偽りである場合がある。預言者であると自称する者が、「これは神から受けた言葉であるから聞き従え」と明言しても、そのまま受け入れてはならない。偽りの預言者が「神の言葉」だと保証したとしても、その偽りを見抜けなかった者は罪を問われる。それは「羊は羊飼いの声を知っている」からである。神の民は、神の声とそうでない者の声の違いを聞き分けるのである。「声」とは「言葉」のことと取るべきであろう。神からの命令でないものを神の命令にもとづくと言われるままに聞いて、従ってしまってはならない。

宗教改革の教会の中から「抵抗権の神学」が生み出されたのは、「御言葉の神学」また「信仰の義」に固着したからであると考えられる。――一六世紀のヨーロッパ社会で、もともと優勢とは言えなかった「抵抗権」思想が広い支持を得るようになったのは、時代の趨勢《すうせい》というよりは、御言葉を聞いて服従することがまず原理として確立したからであろう。しかし、こういう理論の提唱が一般に受容されて広がったというわけではなく、犠牲を伴う抵抗を実行するのは特定の傾向の信仰をもつ人々に限られていた。

信仰者には抵抗権がある、ということを御言葉の学びによって明確につかんだキリストの民は、世の権力が立てられていることの意味を理解しているが、無条件で受け入れることはしなくなった。歴史はこの時に動いたのである。

抵抗運動は古い昔から例があり、ある程度尊敬をこめて語り伝えられ、英雄伝説として受け継がれたが、いずれも歴史の裏話の地位にとどまった。宗教改革の時、上述のようなキーワードが確立したから、山が動くことが起こり、「抵抗権」は信仰者への例外的許可、あるいは勧告という突破口を切り開いて、公の文書の中に登場することになる。一旦戸口が開かれると、必ずしも信仰者でない人も抵抗の正当性を理解して主張することができるようになった。

では、「抵抗権」は今日もはや信仰者の独占物ではなくなり、基本的人権の一項目になったのか。そのように見てよい面はある。キリスト者がこれを自らの特権としてはならない。権力の犯す過ちは多く、公的に認められているその権力に対し、抵抗する正当性が存在する分野は広いのである。ただ今日でも、信仰と希望と愛を堅持していないならば耐えることのできない厳しさがあるから、信仰者に、信仰そのものの堅固さ、信仰に伴う使命意識、信仰者としてのアイデンティティーがなければ、抵抗する現実は始まらない。だからこそ、信仰者たちの間で集中的な共同研鑽が深められねばならない。

## ◆抵抗を実行する当事者はだれか?

権威をもつ者は神によってそこに立てられた者であるという限定があるのと似て、権威者の犯す誤りに抵抗する使命を行使する者も限定される、と抵抗権論者は考えた。権威を主張する者が必ずしも神に立てられて権威を行使する資格者でないことは容易に理解される。一方、権威を自称する者の不適格性を見抜いてそれに抵抗する人が、抵抗の適格者なのか。そうだと自認する人が他の人からも是認される例は多いようであるが、カルヴァンは抵抗の担当者にも限定があると見ていた。

昔のラケダイモン[*47]の秩序が紹介される。王の次の地位を占めるのは副王（エポロス）であって、王が不適切なことを行って、諫言《かんげん》（目下の者からの忠告）がなされても改めないならば、副王は王を廃位して自分が王になる。

多くの国の歴史に戦国時代があるようだが、秩序の確立していない時代には、武力を統率する資質をもつ者、あるいは強い軍事力を手にする機会をつかんだ者が、上位の者をその地位から追い落として頂点に立つことはめずらしくない。これは秩序に則った手続きではない。上述のエポロスの行為は法に従ったものである。すなわち、王を廃位する抵抗も法に定められた処置であって、秩序の転覆ではない。上にある権威が神によって立てられた者であるならば、その更迭も神の秩序の中で行われるべきだと宗教改革者は考えた。

権威の頂上にある者を諫《いさ》めても、聞き入れなければ廃位することができるように、「第二位の権力」が用意されていることの合理性と実際的利便を古き時代の識者は知っており、その英知は後代へと語り伝えられた。カルヴァンは、聖書にある前例に準ずるもののようにこれを評価している。

今述べたのは上位の者が下位の者の諫言を聞かない場合の強硬措置であるが、上位の者が諫言を受け入れるかどうかを熟慮すべきことも当然ある。これは権力体制が自動的訂正装置を内部に組み込んでいる構造であって、より進化した望ましい制度である。

第一位の者が失敗した時には第二位の者によって廃位させられ、第二位の者が代わっ

＊47 ラケダイモン　スパルタ人みずからが呼んだ、古代ギリシャの都市国家スパルタの称。

て第一位につくという順序を決めておく。緊急措置としては最も小規模の移動、あるいは痛みが最小ですむ切り替えであって、こうして修復が達成される。もし、第二位の者がその変更を実行しないならば、第三位の者が代わって実行することになる。それもできなければ、その次の位の者が立つ、というふうにするのか。そこまでは論じられていないが、神による権威という構想を、下位の下位、その下というふうに無際限に下げていくことは考えられていないはずである。

最下位の人に至るまで、全人民が上位の権威に代わって立つ予備員になる道が開かれているという考えはあり得るが、その考えは別の基礎にもとづく。第二位の者が立てられるとは、その者が先の権威に代わって、神によって権威の位置につかせられることを言うのであって、自動的に下の者が繰り上げられるのではなく、新しく神から任命されるという出来事によってその地位につくことだからである。「総当たり」とか「順送り」の割り当てとは全く別の秩序によって事が進むのである。

しかし、先に述べたように「抵抗」による軋《きし》みや痛みを最小に抑えるための、体制内部に組み入れられた自動的修正装置のような仕組みが望ましいという方向に社会は向かうようである。すなわち、権力構造が過度に力を発揮することがないように歯止めを掛ける英知を活用することは道理にかなうのである。カルヴァンはそれと共通した趣旨の制度の例として、前記エポロス、ローマにおいては元老院に対置される護民官[*48]、アテナイにおいては元老院に対置されるデマルコス[*49]（民衆代表）、中世フランスにおいては王

＊48 護民官《ごみんかん》
古代ローマ共和制時代に、貴族と平民との間に立ち、平民の身体・財産を保護した官職。平民会から選出され、元老院の議決に対する拒否権など高い権威をもち、ローマの実質的統治を行った。

＊49 デマルコス
デモス（市民）の代表としてデマルコス（首長）が選ばれ、他の官僚とともに自治区の統治にあたった。

権に対する三部会（貴族、聖職者、市民代表の会議）を評価している（『綱要』Ⅳ・二〇・三一）。大まかに言うならば、上にある権威が絶対化するのを食い止める装置が、上にある権威が認められる場合に当然考慮されているのである。これは抵抗権と同じ意味をもつ。後の時代には「憲法体制」がこれである。

昔は自分がこのことのために選ばれた、という使命意識のある人でなければ、抵抗する職務を全うできなかったようであるが、今では声を掛けられるとスグ乗ってきて、抵抗者の上位に立ちたがり、必ずしも長続きしない、そういう運動家でも「抵抗人」と呼ばれるようになった。そのような抵抗運動を論難する必要はないと思うので、ここでは取り上げない。

## ◆抵抗権の行使はどのように実施されたか

抵抗権とは一種の「法」であるから、この法の執行の実際がどうであったかが考察されねばならない。

聖書には、ユダ王アモンが主を捨て、主の道を歩まなかったので、王の家来たちが徒党を組んで王を殺したが、国民は王を殺した者らを殺してアモンの子ヨシヤを王として立てたという事例がある（Ⅱ列王二一・二三～二四、Ⅱ歴代三三・二三～二五）。アモン王を殺した家来たちは抵抗権を行使したが、そこで家来たちと書かれている人たちは、高官としてそのことを行ったように思われる。ところが、彼らはその下位の民衆によって殺された。そして民衆は次の王を立てた。

民衆は高官らの行動に不満であったと思われるが、それは王を殺した点についてか、殺された王の代わりに次の王を立てなかった点についてであったか、王が死ねばその子が王位を継ぐのが順序であるのにそれをしなかった点についてであったか、そこは明らかではない。抵抗権の法的措置が取られたと見られるのであるが、どういう方式であったのか解明は複雑である。

## ◆フランス改革派[*50]の抵抗

宗教改革に続く時代に、改革派の圏内で抵抗権発動と見られる出来事が多く起こる。またそういう活動を取らなかったが、抵抗権を肯定する議論は大いに起こっている。当時これらの論者を総称して「モナルコマキ」（王を弑《しい》する者）と呼んだ。この一群の論者について考察することには意義があるが、この小著には載せきれない分量になるから触れないでおく。

＊50 フランス改革派　宗教改革者ジャン・カルヴァンの影響を受けた、近世フランスにおけるプロテスタントの総称。

書物を書いた人でなく、実際に抵抗活動（戦闘行為）を行った群れについては少し触れなければならない。

フランス改革派の起こした戦争は、王家側のプロテスタント弾圧[*51]に対する抵抗であり、長期にわたるものであったが、切れ目なしに正規軍同士の合戦が行われたのではない。当局に対する宗教的少数派の交渉手段の一翼としての武力行使である。プロテスタント軍は常備兵力でなく、必要な時に呼びかけられて編成される義勇軍であった。将校も定職でなく義勇兵であり、戦争が終われば平和的職業に戻るが、作戦や用兵の知識は高度であったらしい。これは教会の組織の一部局ではない。（カヴァリエ著『フランス・プロテスタントの反乱――カミザール戦争の記録』二宮フサ訳、岩波文庫）

スコットランド教会（長老派）の一部に強硬な主張をもつ人たちがいて、この国において宗教改革を徹底させるという「契約」を王との間で結び、その契約が履行されていないことについて王家の軍隊との衝突をくり返した。

このような衝突が何次にもわたってくり返され、神学的主張が先鋭化されたこと、またその一部がアメリカに移って、強固な主張をもつ長老派の教会を建てたことが見られる。

イングランドのピューリタン[*52]は一七世紀に勢力を強めたが、一六世紀に王の指導下になされたイングランド教会の宗教改革（主教制）が不徹底であることを不満として革命

＊51 プロテスタント弾圧
宗教改革の中で、急成長したプロテスタントたちに対し、王家を含むカトリック側は、虐殺等、厳しい弾圧を行い、内乱状態になる。プロテスタントは「ユグノー（物乞い、といった意味）」という蔑称で呼ばれていた。

＊52 ピューリタン
一六世紀後半、イングランド国教会の宗教改革をさらに徹底させようとした国教会内の一派、およびその流れをくむプロテスタント各派の総称。清教徒。

を起こし、王を処刑することまで行ったが、結論としては改革の不徹底に終わった。

オランダの宗教改革は、初めルター派によって着手された。オランダはライン川下流の湿地帯で、住民はオランダ人であるがスペインの植民地であり、都市は海運業で栄えた。この地域にいくつかの経路を通って遅れて入って来たジュネーヴ系の改革派は、強力な組織の教会を建て、この教会が民衆の政治意識を高め、スペインからの独立戦争を遂行するオランエ家[*53]と結びついた。

## ◆二〇世紀に起こった教会の抵抗

教会的抵抗としては、ドイツのナチ政権[*54]の宗教政策に対する福音主義教会の抵抗と、日本の朝鮮総督府[*55]によるキリスト教徒の神社参拝強要に対する朝鮮長老教会の抵抗である。前者は、ナチ政権の崩壊によって教会側の勝利に終わったと見られている。後者は大日本帝国の崩壊によって長老教会の勝利に終わったが、日本の朝鮮支配終了後、朝鮮の南北分裂と北朝鮮の圧政の継続によって、北朝鮮におけるキリスト教の回復はいまだ見えていない。

このほかに、第二次大戦の間にナチ・ドイツ軍によって占領された諸国での住民参加型の抵抗運動があり、そこにキリスト者の個人的参与、また背後における教会の参与が

＊53 オランエ家
一六世紀後半のスペインから独立後、現在も続くオランダ王室。

＊54 ナチ政権
アドルフ・ヒトラー（一八八九〜一九四五年）が率いた政党。正式名称は、国民社会主義ドイツ労働者党。

大ドイツ国家の建設、ユダヤ人の排斥、不労所得の廃止などを訴え、一党独裁政権を確立。

少なからずあった。それらの諸国においては、改革派の抵抗が他派と比較して顕著であるが、プロテスタント教会だけでなく他の教派も、さらにはキリスト教の外においても、不法な権力に対する意識的な市民の抵抗という形態がとられ、教会は教会外の意識の高い市民層との共闘の中で、奉仕的役割をとるべきだと考えるようになっている。

## ◆ナチの政策への抵抗

第二次大戦下のドイツにおける教会の抵抗は、それに共感する人が比較的多かったために広く関心がもたれた。

ナチは必ずしも反キリスト教ではなく、むしろドイツ的であることとキリスト教的であることが最もよく結合したものがナチ政権だと宣伝して、プロテスタント教会を味方につけようとした。この宣伝に軽々しく乗った教会人も少なくない。

その主張によれば、イエス・キリストの福音は旧約宗教のユダヤ的要素を取り除き、さらに宗教改革はユダヤ的律法の要素を完全に除去したものとされた。そこから、キリスト教は旧約聖書を排除したものであるべきだとの固定観念をもつので、この点で違和感をもってナチを離れる人も出てくる。

ナチのもつ国家主義的要素に対し、改革派神学は、教会論を厳密に建て上げ、教会が

＊55 朝鮮総督府《ちょうせんそうとくふ》　一九一〇年の日韓併合に伴い、同年九月、朝鮮統治のために日本政府が設けた最高機関。京畿道京城府（現・ソウル）に設置。

教会である基礎の確認を重んじ、教会の憲法（基本的教会規則）を重視した教会観に立ち、それとの関連から国家も憲法を重視するものでなければならない、とした。ここにおいて改革派ではナチと相容れない思考法が明確になってくる。（ドイツのプロテスタントの反ナチ闘争については、河島幸夫著『戦争と教会――ナチズムとキリスト教』〔いのちのことば社、二〇一五年〕が理解の助けになる。）

ドイツ告白教会の反ナチ闘争に関しては「バルメン宣言」[*56]が有名になり、それは当然のことであるが、この宣言が支えになって事が起こったというよりは、その文書を生み出す運動の中で深められていった思想を学び取るべきであろう。しかし、神学と法思想においてまだ練られていなかったため、十分な闘いには至らなかった。戦後においても問題の継続的追及は十分ではない。

## ◆韓国における神社参拝拒否

長老教会は神社参拝[*57]を一度は否決した。それで結論が出たと見るのが正当であるが、朝鮮総督府は教会の決定に圧力を加えて介入し、再決議を強要した。その介入に当時の日本基督教会大会の主要委員が関与して平壌まで説得に赴いている。それが大会の機関の行為としてなされたのか、個人的に要請されて従ったのか、事実関係の解明はなされ

＊56 バルメン宣言
一九三四年五月、ドイツのバルメンで行われた、ドイツ福音主義教会の第一回信仰告白会議で採用された宣言。一九三三年以後のナチ政権下における教会の全体主義化に追従したドイツ・キリスト者に対し、抵抗を表明した信仰告白。
正式には「ドイツ福音主義教会の現状に対する神学的宣言」。

ていない。脅迫のもとにおける議決は、正規の議決と認められないという解釈があるが、一旦行われた議決を取り消すためには、それ相応の手続きが必要であろう。この強制された再決議をそのまま有効な教会文書と認めることができないことは明白である。

残された問題は、朝鮮総督府の圧力に加担した日本基督教会が、加担した罪責を告白して正式に謝罪し、朝鮮教会と和解したのかどうかである。戦後の日本キリスト教会（一九五一年設立）は一九九〇年の大会において（旧日本キリスト教会と同一名称であることもまた歴史的関連を引き継ぐことを責任の根拠にして）謝罪決議をしたから、名目上の手続きは終わったとみなされるが、罪責意識の継承のための後続世代への教育が実行されたかどうかは、なお問われる。

旧日本キリスト教会（以下、旧日キ）を引き継ぐと主張するグループの中では、旧日キの中で行われた上記処置の事実認定についても、それが継承すべき罪責であるかについてもまとまった見解には至っていない。それ以外の教派においては、責任の継承は個人の意識の問題にすりかえられているようである。したがって、「教会」の責任を立論するための神学的思考に

神社参拝を拒否したため投獄され、日本の敗戦後、釈放された韓国の牧師たち。「出獄聖徒」とも言われる。投獄された70人のうち、50人以上が殉教した。

＊57 神社参拝《じんじゃさんぱい》
第二次世界大戦時、キリスト教会でも天皇崇拝、靖国神社参拝が強要された。
また、国内だけでなく侵略した植民地・占領地にも神社等を建て、現地の人々に神社参拝を強要した。日本の教会はこの国家政策に積極的に協力したが、朝鮮半島では、多くのキリスト者が神社参拝を拒否し、投獄され、殉教した。

は踏み込めていない。

教会の罪責が次世代以下に引き継がれていると一応認めた教派においても、罪責の継承の理解を深めるための研究と教育が行われているわけではない。だから、罪責という言葉は実体のない浮遊した言葉になっている。

# Ⅲ　国家と教会——「抵抗権」発動の歴史

私は敗戦を味わった者として生き始めた。しかし、二〇一一年三月十一日から始まった事態は、自然災害からの回復の不手際、特に東京電力福島第一原発事故の収拾の無責任、事実の隠蔽、原子力利用の政策がアメリカの押しつけであることの判明、等々が重なって、「敗戦のやり直し」「ダブル敗戦」、あるいは「戦後の無効化」を私につきつけた。いや、私だけが受けた衝撃ではなく、戦後、新憲法を立てて、過ちをくり返さない国造りをしようと歩んできたすべての人の人生の抹殺が敢行されたのである。その人たちというのは、いわゆる「日本国民」だけでなく、この国に生まれ、あるいは移り住んで、この国の立国の姿勢を愛し、ここに居続けようとするすべての人の思いである。

そのような思いを私が代表していると言うならば、笑われるであろう。だが、この国が掲げた恒久平和という国是は、ここに居住する者が気ままに着脱できるファッションではなく、永続的保持を誓った基本構造《コンスティテューション》(「憲法」)であった。

「非武装」、「不戦」という思想は古くからあり、これを唱え、これに殉じた人のことも知っている。だが、自分がそれになろうとはかつては考えなかった。なぜなら、それは遠い彼方の理想にすぎないからである。格好よく掲げることはできるとしても、脆い人間には結果的には偽りでしかない。圧倒的多数である現実主義者は、理想を許さず、それを本気で唱える者を抹殺してしまうではないか? そう私は考えていた。

ところが戦争の実際の中に身を置いてみて、戦争の無意味さがわかり、また戦争が原爆によってしか止めさせることができなかったほどに狂気を作ってしまうのを見、一方自分自身は、死んで当然というところまで行ってしまったのに、生かされて帰って来たことを思う時、「戦争放棄」は観念世界で成り立つ理想ではなく、最も現実性のある主張に見えてきた。非武装を別世界のものとする考えこそ現実逃避であり、言い逃れになる。たとい非武装が偽善と見られるとしても、少なくとも私は、行くべきでない戦争に参加した罪責を負っているし、しかも生き残った者の責任を感じており、賜った命を感謝をもって差し出し、生かされて生きる証しとして、今度こそ非戦に徹し、身をもって戦争を食い止めるほかない。そのように考えた。

同じ考えの人が非常に多いとは言わないが、戦争から生きて帰った人の中には割合いたはずである。その仲間たちの多くは世を去ったのだから、まだ生きている者の責任はいよいよ明白になった。これは夢物語でも気負いでもない。

そこまで考えることは何でもない。しかし、戦争を阻止しようとする企てが妨害されたならば、それをどう乗り越えるか。テロならば隙を見つけることは可能のようだが、戦争を止めるためとはいえ、テロという手段は絶対取れない。

戦後五年経たないうちに朝鮮戦争[*58]が始まった。私は一九四五年で戦争との関わりは永久になくなったと思っていた。しかし、その時から、旧予備学生が再召集されていると いう噂が流れてきた。再召集という言葉に私は敏感にならずにおられない。というのは、身に覚えがあったからである。

＊58 朝鮮戦争
アメリカとソ連による東西冷戦の激化により、一九五〇年六月、社会主義体制（北朝鮮）と資本主義体制（韓国）の二陣営が直接対立する場して、朝鮮半島で勃発した戦争。米ソの代理戦争とも言われる。

復員[59]して家に帰ったその週のうちに、海外に残留している将兵を帰国させる輸送の任務があるから、海軍の艦艇の乗組員はもとの艦に帰れ、という明白な命令ととられるアナウンスがラジオで流された。強制を伴う命令ではないが、道義的には義務として受け取らねばならない。召集という言葉は使われないが、外地に置き去りにされた戦友への義務として私は帰艦した。すると、予備学生出身者は兵役を終えたのだから、もう来なくてよかった、と言われ、再度の復員をした。だが、その記憶があるから、再召集はあり得ると思った。そして、自分は今度こそキッパリと召集拒否をするぞ、と身構えた。しかし、再召集は来なかった。もっとも、再召集の噂は根拠のないものではなかった。予備学生の中の整備科の者に米軍の援助のための勧誘があったのは事実のようだ。それが再召集という裏情報になった。

とにかく、戦争は終わったことになっているが、ある意味で継続している。あとで知ったことだが、旧海軍の機雷科の者が米軍の仁川上陸作戦[60]に際し、機雷除去のため出動を強要され、危険な作業の犠牲になった事実もある。戦争が過去のものになったと思ってはならない。非戦のための戦いが始まっていることを心得ていなければならない。

朝鮮戦争の初めのころ、自分自身は二度と戦いに加わらないとの決意は堅く、誘い込まれても、その誘いには決して乗らないと構えていた。その決意は変わらないが、決意の緊迫度は次第に緩んだ。

＊59 復員《ふくいん》
戦時編制の軍隊を平時体制に戻し、兵員の召集を解除すること。また、兵役を解かれて帰省を指す。

＊60 仁川《インチョン》上陸作戦《じょうりくさくせん》
朝鮮戦争時に国連軍が大韓民国（韓国）のソウル西方約二〇キロ付近の仁川へ上陸し、朝鮮民主主義人民共和国（北朝鮮）よりソウルを奪還した一連の作戦・戦闘。

## ◆国家と対峙する教会

「抵抗権」についての自分自身の考えをまとめねばならないという思いは、敗戦後ずっとあった。だが、初歩で直接この課題に取り組むのは無理であるから、大迂回の道をとって、直接関係ないこともいろいろ学んだ。カルヴァンについて本格的に学ぶことに決めたから、彼の神学体系の全体の把握が必要なことは言うまでもないが、特に「教会論」を焦点にした。彼の抵抗権の教えは教会論の中に位置づけられている。

神学に踏み込んだのは、私自身の戦争中の姿勢が、信仰者にあるまじき「いい加減」なものだったことの反省から始まっている。ところが、問題の周辺を調べていくと、自分自身もいい加減であったが、教会はもっといい加減なのではないかと考えざるを得なくされた。私自身の罪責は私の罪責として追及するのであるが、別件として教会の戦争罪責を不問に付してはならない。

私には戦争の中で見えてきた問題点があるから、根本的な出直しを始めたのだが、それとやや違う思考法で、日本の教会も教会の戦争罪責について神学的に考察し、理論化しなければならなかった。ところが、教会は全体として、嵐が過ぎ去った後というような安堵感、被害者意識、自己肯定感を基調にしている。「戦争責任」に教会が論及し始めたのは六〇年代になってからであり、自発的発想というよりは外部から触発されてである。

「全体として」と言ったが、そうでない教会人も少数はいた。私が伝道者となった時、最も近い教会に、少し早く牧師として赴任していたのが小川武満（一九一三〜二〇〇三年）という旧軍人であった。軍医として北京陸軍病院に勤務し、現地除隊してそのまま中国に残るつもりであったが、八路軍[*61]が北京に入る直前、国民党政府[*62]によって強制退去させられて帰国し、すでに神学校も卒業して牧師の資格をもっておられた。この先生が「自分は侵略の罪責があるので、中国の農村の医療伝道を一生負っていくべき使命と考えている。ここに一時的にいるのは、その準備のためだ」と言われた。日本軍が中国の地を荒らしたこと、日本人全体がその責任を負わねばならぬことはわかっているつもりであった。けれども、よくわかっていたとは言えない。私は小川牧師の語る最初の言葉で、自分もこの方といっしょの道を行くのだ、と心を決めた。軍の中にいて、要するに軍のために働いていたが、士官という身分にありクリスチャンでもあったから、ほかの人よりは戦争の罪については考えた。そういう牧師はいたが、この小川牧師ほど明白な意識をもつ人と会ったことはない。

外部から刺激されればわかる。自分の中から立ち上がってくる意識ではない。そういう程度の意識の知識人がクリスチャンの中には比較的いる。私自身もそのままでは同じ型に収まったかもしれない。そうならなかったのは、すでに述べたことだが、戦争の中

＊61 八路軍《はちろぐん》
中国共産党軍（紅軍）の通称。現在の中国人民解放軍の前身のひとつ。

＊62 国民党政府《こくみんとうせいふ》
一九二五年、中国国民党の指導下に広東《カントン》に成立した政府。一九二八年、北伐を終えた蔣介石《しょうかいせき》が実権を握り、共産党を弾圧して独裁制を敷いた。

で死を考えるところまでいったが、そこで自分が考えている観念の軽さに気づき、新しく生きようとし始めたからである。考えるだけで終わらない生き方の変化は、小川牧師に触れて学び取ったものである。

朝鮮戦争の中で反戦運動を指導したのは共産党が初めである。大なり小なり共産党との関わりがなくては平和運動に取り組めなかった。小川牧師は躊躇なく共産党主導の運動に加わったが、私は個別的に是是非非の判断をすべきだと考え、小川牧師もその方針を取られた。

## ◆教会そのものについての問い

日本の教会全体として、教会の戦争罪責を考えることが弱いのは、「教会論」がなかったからであると私は気づいた。「教会」の形成についての論述はされても、教会を生かす命を論じる思考の深みに入っていない、と見るべきであろう。――この点についてはもっと論じなくてはならないが、機会を改めなければならない。

戦後再開した学生生活で私が目指したのは、まず自分自身がものを「まともに」考える人間になることであったが、そのためには、考え方を正す方法を確立する訓練を哲学によって受けなければならないと思い、その道に進んだ。しかし、学び取っていく学識としてはキリスト教の教えであり、それを単なる知識として、教えられたことが復唱できれば完了するというような学びではない。学ぶことによって確かさと命に達する、そのような学びでなければならなかった。つまり、キリスト教を人に教えるために学ぶというのでなく、キリスト教を私自身が学び取っていくのだが、その学びが正しくものを考える方向から逸れないように、考えること自体の自己検討をしているという生き方であるように生きたのである。

さて、抵抗権という思想を立ち上げるには、先に見たように、地上にある上なる権威が神によって立てられているところから出発しなければならない。ローマ人への手紙一三章一節のいう「上に立つ権威」――すなわち、その権威は本質においては神によって与えられたものであるが、この本質の理解は信仰に立っていてこそ明らかになるものであるから、信仰を別として見るならば、それは国家が国家自体によって格付けさせただけの権威であって、霊的な権限をもたない。栄誉と処罰を与えるけれども、どちらも永遠性をもたない――その権威の犯す間違いを正す抵抗であるから、信仰に関わる抵抗は、誤りなき真理を証しする教会と密接な関連をもつのである。

だが、教会自体は信徒に抵抗権があることを保証するが、教会自体が抵抗権を具有することも発揮することもあり得ない。教会が教える真理との関わりで信仰者の抵抗権は発生するが、教会の権威は「霊的」な機能にのみ関わるものである。教会が中世の「十字軍」[*63]のような宗教戦争を起こすことはできない。教会が職務上所有を認められる地上的財産について訴訟を起こすことは認められているが、その問題はここでは扱わない。

ただし、教会は地上においてもつ霊的な務めに関して、「言葉」をもって国家と対峙することは大いにあり得る。ただし、同一の土俵において黒白をつける格闘ではない。一種の国際法廷における法理論論争であろう。その場は国際的に公示されねばならない。あるいは、国際的な普遍性の場における出版物の相互提示もあるであろう。これは、教会が真理にかなって用いる論理性や道義性が、国家の論法を超えることによって証しされるものである。教会側の論者を国家側が刑法を用い、あるいは非合法団体に密かに下命して暴力的に抹殺させることはないとは言えないが、今は具体的な場合について論じることを差し控える。だが、教会の理論を代表して唱える人が、暴力的に抹殺されたならば、次の人が立って論じることになるのは当然である。

ここで考えておかねばならないのは、教会側の理論を述べる人がどのようにして選ばれ、信任されるかである。論者を一人に絞ることができない場合は当然ある。正規の手続きを経ることができないことも予想しなければならない。たとえば、日本帝国主義のもとにおける朱基徹牧師[*64]の抵抗を考えてみるに、「正規」の手続きによる人選はなかった。しかし、本人も支持する人々も、彼の発言

朱基徹牧師

＊63 十字軍《じゅうじぐん》
一一世紀末～一三世紀末まで西ヨーロッパのキリスト教勢力による聖地回復運動。一〇九五年のクレルモン宗教会議で教皇ウルバヌス二世によって提唱され、九六年から、一二七〇年まで七回にわたって展開された。

＊64 朱基徹《チュキチョル》
（一八九七～一九四四年）
朝鮮長老派教会の牧師。神社参拝を拒否し、五年間におよぶ四度の投獄、拷問ののちに殉教した。

が私人の見解でなく、最高度に公的なものであることを疑わなかった。この前例を見習えばいい。だが、朱基徹の場合、官憲の無法な扱いによって惨殺され、その人権回復は不問に付されたまま、支持者の尊敬の歴史によって決着がついたと見るべきか、それとも日本国の司法自身による再審理が必要なのか、それは国家の側で判断すべき問題である。

## ◆抵抗権行使の実際

先に述べたように、宗教改革の正統派は、ルター派も改革派も、地上で行われる国政が神から委託された権力を用いて行われるものであると認定し、それを前提としたうえで、地上的権力が神の意思に反する統治を行った時、あるいは行おうとしている時、神を信じる信仰者はそれに抵抗して差し支えない、あるいは抵抗すべきであると理論づけた。では、正当な権利としての「抵抗」を学び取った教会は、どのようにして抵抗権の実際の行使を信徒に教えたのか。

その歴史的事実については史料を調べればよい。しかし、この小著の中で具体例を述べることは無理であるし、個々の具体例を書き並べる必要もないと見てよいであろう。ただ、事態が基本的にはどのような方向に展開したかを見ておく必要はある。

基本的な考え方の枠として、「教会と国家」の関連のとらえ方がある。そのとらえ方がどのような歴史をたどったかは、大まかにでも触れておきたい。それは宗教改革のルター派よりも改革派の歴史に、より明快に表れている。その二派の神学の違いについては広く知られているから、神学と結びつけて、政治問題についての教会の姿勢を理解してもよい。それはそれとして、この二派の成り立ちと育ちに目を向けたほうが、傾向の違いの理解のためには役に立つと思う。あまり広く主張されていないことだが、改革派の宗教改革が事実上、「都市」の宗教改革として始まった点に着目したい。

## ◆都市と教会

中世末期には、経済の発展、人間の交流、文物の流通の進展などの結果として、昔から存在していた都市のほかに、それまで村落にすぎなかった所が次第に大きくなって都市になり、そこに市民層が生じ、人口増と並行して地域教会も拡大した。

市民層の間では「自治」の体制が起こり始め、教会の教職者や修道者の間では学問、特に聖書と神学の共同研究や共同討議が、参加者を集めることが比較的容易な「都市」という広過ぎない区域の中で起こる。前者は自治都市を目指し、後者は大司教↓司教↓司祭という職階制によって統合されるローマ教皇制からの離脱、すなわち宗教改革に向かう。

この場合、宗教改革が行われた都市が、比較的小さい都市であったことが重要ではないかということにも触れておく。小さい町であるから互いに顔を知り合っていた。それゆえ、顔を見ない者同士が討論する所に起こりやすい抽象論や、揚げ足取りは起こりにくい。また、昔から都市は巨大都市になろうとする拡大主義を取りやすかったが、宗教改革時の都市は領土拡大を考えなかった。だから、都市としての充実と、改革された教会としての充実だけを考えればよかった。そして、ここに参加した都市は都市としての繁栄を必ずしも求めないで、ただの都市でなく、「都市国家」であろうとするから、「国家」として存立するに必要な諸条件をかなり小さい形において綿密に考察できた。

教会と国家の二つの体制が本来対応する関係をもつべきであるかどうかには触れないが、実際問題として同じ地域の中で起こった同時代の事柄であるから、当然関連をもっている。どの地においても「何々市の教会の宗教改革」という形をとる。当然、その市の教会はローマ教会の首位性のもとから離脱する。それと似た形は神聖ローマ帝国（ドイツ帝国）の支配からの都市自立権の独立であった。

こうして、都市教会はいわば単立教会のようであるが、近隣教会との交流は以前からあったものが受け継がれ、教会改革の過程においての連絡も濃厚にあったから、近隣都市同士が同盟を結ぶのと同じように、宗教改革後の都市教会はそれぞれの固有性を保ちながら、「連盟」としての盟約関係をもった。

多くの改革派教会の特色をなしている「中会・大会制度」は、フランス国の改革派教会がジュネーヴ教会の指導の下に設立された時に形を整えたものである。全国に拡がる教会は、個々の都市に単立教会として立つのと違い、組織的な繋がりをもつ形で建てられる。それは古代の教会の形態に似て、上位の者が下位の者を統括するのでなく、会議によって統括される「中会・大会制度」(「中会」とは地方会議。「大会」とは全国会議)を採り、こうして初期の単立都市教会の形態が模範となるのでなく、その型を脱した新しい型の教会が、宗教改革未到の地(ここではフランスとネーデルランド)に起こされた。それらの地方では王権がローマ・カトリックと結びついていたから、宗教改革の信仰を受け入れること自体、王権に対する「抵抗」であった。だから、抵抗権思想を育成しつつ、次の時代に入っていった。

先に触れたように、抵抗の事例は少なからずある。しかし、ここではプロテスタントの抵抗権思想にもとづく行動のうち、武力行使を伴った事例については触れないでおく。教会は、別組織、それも恒常的組織をつくって軍事行動を起こすのでなく、抵抗する組織と信仰によって結びついて、臨機の対応として義勇軍のようなものを組織した。したがって、教会論の枠の中で教会の武力闘争を論じることはできない。現実問題として、信仰の抵抗は武力行使にならず、なったとしても最小の行使で終わらせたのである。

むしろ教会は、「教会と国家」の「分離」と「関連」を自らの考察すべき視野に収めつつ、国家に対する自立性を培っていったのである。その過程を見ることが重要である。

## ◆都市国家における宗教改革

都市における宗教改革は、先に略述した経過をとって進められたのであるから、自治権の強化を主眼とする市民思想の人たちと、神の言葉に従った教会改革を目的とする教会人との二グループがあった。この二グループの成員が重なっていることは多いが、目的が同一でないから、その間に主導権争いのようなものがないわけではなかった。たとえば、ジュネーヴ市においては、教会改革の初期リーダーは他国から来た学者であったから、もとからの市民の上層の人たちが、教会改革においても主導権を取ろうとして混乱を起こしたことがある。

また、チューリッヒにおいては紛争にならなかったが、教会側の指導者であったツヴィングリ[*65]が有能な資質をもっていたために、市政の全域に指導力を及ぼした。こういうことは、比較的早期に、教会と国政の機能の相違が理解されたため、双方が相手領域に介入することはなくなっていった。教会と国家の分離がヨーロッパ諸国の政治で原理とされたのはフランス革命以後であるが、都市宗教改革を実施した都市では、初期から、分離しつつ提携するという原理の了解ができていた。

分離に関しては当面これ以上言うことはないが、教会と国家の関連、特に教会側から

＊65 フルドリッヒ・ツヴィングリ
（一四八四～一五三一年）
スイスの宗教改革者。スイス改革派教会の創始者で、チューリッヒの改革を指導する。

国家の正義保持努力に対する配慮、忠告、監視が、預言者の機能を踏襲するものとして、神学職の視野の一部になったことを見ておく必要がある。教会と神学がもっぱら内的・霊的な事柄に傾注し、社会の問題を関心外のこととし、正義の喪失を見逃して、せいぜい弱者への憐憫を奨励する面にしか働きかけないとすれば、宣教する教会の本来の視界を著しく狭めたものになる。

さらに、都市宗教改革においては、堅固な制度とは言わないが、宣教活動の一翼として、教会の教職のみでなく、関心ある人なら自由に参加できる学究的な機関が設けられた。これは宗教改革そのものの学問的深化を図ったものであるが、学問には本来普遍性の追求の要素があるから、この機関はまもなくそれぞれの都市における大学になっていき、教会、大学、行政機関が連携し、機能としては別々でありながら、良識を共有したのである。

そのような体制の中では、権力行使を委ねられている権力機関が自己抑制する見識を失って独走し、抵抗権の行使を必要とする事態を生じることは起こりにくかった。抵抗を起こす必要がないことは、抵抗によって是正が行われることよりも幸運である。抵抗が必要な場合には抵抗を無効に終わらせないための才知が重んじられるが、抵抗を起こす必要のない事態を生み出し、かつ維持するためには才知以上の英知が養われなければならない。

教会と国家が非常に違ったものでありながら、「都市教会」という形態を経験したことによって、国家は己の目指す目標が何であるかについて、暗示を受けることができた。このことは、宗教性をもたないと通例見られている国家にとって、国家論の思想的構築のための学びとして有益な経験であった。同じようなことは、教会が経験した都市生活で学習した益についても考察できる。

## ◆憲法を立てる国家

近代国家は基本的には「憲法」を立て、それを国家の柱石と意味づけるが、憲法を柱石として国家を建てるという精神的姿勢、あるいは構築の工法は、宗教改革の教会が開発した基本策を国家が引き継いだものと見てよい。日本の教会では馴染みのない考えかもしれないが、コンスティテューション（憲法）を立てて教会建設を遂行する原則は、教会が切り開いた手法であり、その工法の基礎として思想があった。ローマ・カトリック教会は古い時代から孜々《しし》として教会法を積み上げ、その巨大規模の調整に腐心したが、法体系の複雑多岐は教会の改革を追求しながら、それを行き詰まりに至らせることになった。

宗教改革はローマ教会の「教会法」を破棄し、神の言葉への従順を基本にして簡素な規則を定め、これを教会の法とした。初めの呼び名は「規則」であり、その呼び方のままでもよいのであるが、基本的な規則と実施細目としての規則を区別し、前者を「憲法」、後者を「規則」と呼んで区別するのが普通である。

日本では明治の国造りを憲法制定から始め、敗戦後の国造りも憲法制定から始めた。どちらの場合も西欧の模倣であるから、憲法のもつ柱石としての意味の理解できていない人が多い。昨今、憲法改正を叫んでいる人のうち、コンスティテューションという言葉の意味がわかっている人は一人もいない。解釈によって意味はどうにでも変えられると思われている。

キリスト者の中にも教会の形成がコンスティテューションを立てて、それにしたがって励むことだという認識は希薄である。したがって、また国の憲法を守ろうとする思想の基盤となろうとする意識が弱いのである。日本では、教会を憲法体制をもつものとして理解する思想は、長老派の中では比較的明快であった。だが、第二次世界大戦中、国家体制が教会秩序を蹂躙して教派合同を強行したため、教会憲法は崩壊し、戦後、教団離脱派は憲法を再建したが、憲法精神の崩壊は十分に回復できなかった。

教会の国家に対する抵抗の事例として、ドイツの福音主義教会のナチ政権に対する抵抗が日本ではかなり有名になっている。そこでは論者の関心事の核心部は「バルメン宣言」であり、この文書に深い共感が寄せられる。しかし、感銘に浸るだけではすまないことに人々は気づいている。こういうものが必要とされる事態が来るのではないか。それが来た時、対応できるのか。対応するためには何々が揃っていなければならないか。このことが明確にとらえられていないならば、その後に来るのは巨大な虚無であろう。

今、われわれが考えさせられていることは、われわれの空白を埋めてくれるのではないか。ヒトラーの時代、きわめて浅薄な早口言葉に大衆が陶酔した時、教会人たちは大至急、学ばなければならないもの、学ぶためのテキストを編集・出版しなければならない、と思い立った。それは実行されたが、その内容は宗教改革の当時のものを主とした「信仰告白」、それと「教会規則」である。「神の言葉によって改革された教会の信仰告白・教会規則」という標題が掲げられた。「教会規則」と今言ったものは、少し前のところで「憲法」という言葉で表したものと見てもらいたい。

教会の憲法、あるいは教会規則は、教会にとって最重要なものとは言えない。「我は信ず」と唱える告白のほうが重要だ。しかし、告白を唱えるだけであれば、「バンザイ」を唱えるのとあまり違わず、唱えたまま流れに乗って流されてしまうことになりかねない。だから、シッカと足を踏まえる盤石《ばんじゃく》の足掛かりが必要である。景気のよい言葉で盛り上げても、ヘンな若者が出てきて舌足らずの言葉をペラペラとしゃべったなら、それだけで日本国憲法はグラグラしたのである。教会の憲法も文章自体は動かされていないが、棚の上に載せてあるだけで、実質的に何の機能もしなくなっているのではないか。

# Ⅳ　第二の敗戦と「抵抗権」——権力悪との闘い

一九四五年の敗戦以来、思いを改めて一心に走り続けてきた私であるが、「二〇一一年五月になれば満八十八歳であるから、務めを退いたほうがいいのではないか。このまがんばり続けても、実りのない労を重ねるばかりで、周囲に迷惑をかけるだけだ」、そう見定め、引退の用意を整えた。

　その年の三月十一日、生涯で初めてではないかと思うほどの激震を感じた。家の中に損害はなかったが、どこかで大破壊が起こったに違いない。テレビをつけて、震源地が宮城県沖だとわかった。それならきっと大津波が来る。

　私は津波に実際に遭遇したことはないが、話に聞く機会は多かった。特に石垣島で見た明和の大津波[*66]で海抜八八メートルの丘の上まで押し上げられた巨岩を見た感銘が残っていたので、大変な光景を見なければならないと身震いした。その予想をはるかにしのぐ画像が次々と展開する。

　テレビで津波の襲来をリアルタイムで見ていて、自分の身には危険も損失もなかったのだが、あの光景に接してとっさに思い起こされたのは、自ら直接に関わっていた戦場における敗北体験、また喪失感である。――五分五分の勝負で相手も相当にやられたとか、六分四分とか、若干の取り柄を残して引き下がったという海戦ではなかった。「完敗」としか言いようがなかった。こちらは沈没でないから敗北ではない、と言う人がいるかもしれないが、それは実情を知らない人の空論である。輸送作戦は、損失なしで輸送を果たしてこそ目的達成である。護衛される輸送船がすべて沈められ、護衛した艦だ

＊66 明和《めいわ》の大津波《おおつなみ》
一七七一年四月二十四日、沖縄県石垣島近海で発生した地震、大津波。津波により先島諸島（特に八重山列島）が大きな被害を受けた。

けが無傷で戻って来るのは失敗以外の何ものでもない。

交戦して敗北したというのでなく、遭遇以前にすでに先方から捕捉されていたのである。兵器の性能がはるかに劣っているから、敵に狙われていてもわからない。つまり、初めから敗けていたのであって、作戦や兵器操作の上手下手は問題にならない。そういう敗北の積み重ねが無条件降伏であった。

魚雷攻撃によって輸送船団が全滅し、海面一帯が修羅場と化する。そういう経験は一回どころではなかったから、身に染みている。それと比べて、巨大津波が一地方の海域と陸地と、そこにあるすべての事象を呑み込んでいく破壊の凄まじさを議論しても意味はない。だが、この圧倒的な不可抗力の前で、言葉も出ないし、行動を起こそうとしても、一瞬、頭が働かない。かろうじて手の届く範囲で生き残りの人を拾い集めることしか思いつかない。――そういう点で津波の襲来は似ていたのである。

人生の店仕舞いと考えていたことは吹っ飛んでしまった。牧師職を退くことは計画どおり進めたが、引退どころか、新たな種類の活動を始めなければならないと迫られた。だが、何をすればいいかがわからない。これまで考えていなかったことを懸命に考えねばならなくなった。

## ◆第二の敗戦

三・一一の後、もの書きの人たちが「第二の敗戦」という造語を使いだした。私も同じような言い方をしていたが、気がついてみると、あの人たちの言い方と私の言い方は、同じに聞こえるとしても、どこか違う。

何が違うのか考えてみると、こういう言葉を使っている人たちは、すでに名の知られた人だが、私と比べればずっと若い。戦場で手も足も出ないほどやられる経験をしたことがない。「当事者」としての敗北意識や喪失感とは異なるものをもっているらしい。彼らの感じがズレていると貶《けな》すのではない。それはそれで的確になされた隠喩《いんゆ》の適用だと思う。

私の体に染みついた敗北について言えば、戦争の時、相手は圧倒的な軍事力でこちらを制圧したのだが、その敗北を噛みしめているうちに、軍事的に敗けただけではなかったという視点の転換と内省を伴うものになっていった。むしろ、そちらに重点が移っていったのである。戦争することの正当性もなく、不可避でもなかったのに、愚かさゆえに戦争する理由をつくってしまった。先に内省があれば起こらないようにできたし、もっと早い段階で結果が予想できたのに、わかろうとしなかった思考力不全、これは痛烈に反省しなければならなかった事項である。

さらに、戦争には戦争の後片づけが伴う。別の視点から考えれば、全面降伏で戦争が終わったのでなく、「戦争の後始末」という、戦争中はまともに考えることもなかった膨大な量の仕事が残っていた。

私自身は比較的早く復員したが、すでに述べたとおり、家に落ち着いた数日の後、「海軍の艦艇乗組員は外地に残された軍隊の引き揚げのため、直ちにもとの艦に戻れ」という放送が流されたので、また佐世保に向かった。戦争は終わったが、戦争の後始末はついていないことに、遅まきながら気づかせられた。戦争は終わっても残った仕事は山のようにあった。私の場合、軍の予備員として召集され、その召集が解除になったから、もう来なくてよかったのにと言われ、また家に帰った。以後、再召集はなかったが、戦後の片づけはだれかがしなければならない。このことが戦争の責任の小さからぬ部分である。

戦後処理や戦後補償もある。それについては説明しきれないから、問題の大きさを指摘するにとどめる。処理しきれないで放置される場合も多かった。結局、弱者へのしわよせが行われ、弱者はもの言わぬまま押し潰され、問題は見えなくされ、片づいたことにされる。

しかし、問題はなくなった、と言われることが新しい問題の発生源になり、禍《わざわい》の循環はさらに深部に移る。私は戦争の後片づけをしてきたとは言わないが、関与せざるを得なかったことはたくさんある。今ここで第一の敗戦の後始末の不完全が第二の敗戦に繋がると論じ始めることはしないが、繋がりがだんだん見えてきたと言うことはできるのである。

## ◆第二の敗戦の不気味さ

「第二の敗戦」という言葉を思いついた時も、地震と津波による破壊と喪失を単なる「自然」のうちに潜む巨大な力によるものとして考えたのではない。むしろ、自分の内にも潜んでいるあるもの、「本性的な脆《もろ》さ・綻《ほころ》び」「根源的邪悪」、ある意味での「悪魔的な力」に思い及ばずにはいられないところまでたどっていかざるを得なかった。だが、それがどういう悪であるか、言葉で表すことは容易でない。比喩として扱う考えをさらに深めていくうちに、人間を超えた、悪魔的と言うべき力の来襲、それによる人間崩壊と敗北としてとらえなければならないことが少しずつわかってくる。

したがって、目に見える存在とは全く違う次元に考察を深めていくことになる。それでも、津波の映像を見た時、「アッ、似ている！」と感じないではおられないものがあった。別の見方をすれば、敗北の当事者は他のだれかではなく、私自身がそれに含まれているのではないか、という思いを退けることができなかったのである。

どういう点でそう感じるのか、そこがうまく説明できないのだが、単純な面を言うならば、まさしく私が狙われ、私がやられた、と感じたのである。まさしく「私の第二の敗戦」なのだ。

この比喩的表現が間違っていなかったことをますます確認できるようになったのは、地震と津波が「原発事故」という別個の事故を引き起こしたからである。地震そのものは悪とは言えないが、破壊を復興する段階で、行政のさまざまな不手際、手抜き、怠慢、復興に絡む横領等が起こって、被災者の痛みを増大させた。そのほかに、自然災害が引き金となって「原子炉事故」という「人災」が起こり、被害がみるみる拡大するうちに、「原子力の平和利用」という欺瞞政策の悪魔性が露見することになったのである。

「原子炉事故」は単なる二次災害ではなく、「原子力の平和利用」という美辞麗句が巨大な欺瞞だったことの暴露である。原爆の無慈悲な大量殺戮から目をそらさせる欺瞞を行うため、未来が明るいと欺いて、「豊かさ」の幻影で人々の「欲望」を惑わした。見識のある人たちは欺かれなかったが、多くの自治体は原発を熱心に誘致した。

建設反対の訴訟が起こされ、予想される災害が的確に指摘されていたにもかかわらず、無視された。そのことは「想定外」の自然災害だったという口実によって責任逃れをしようとした。そのことによって、犯罪性が見えてくるようになった。しかも、三・一一の後、民主党政権は核エネルギー利用の政策の反省に傾いたが、そのあとの第二次安倍政権は、停止中の原子炉の再稼働を強硬に推進している。

「原罪」が見えてきたといっても、まだ納得しない人がいるであろうが、「原罪」という位置づけによって問題を受けとめるのが適切ではないだろうか。第一の敗戦で日本の「原罪」が見えてきたと気づいた人がいるが、第二の敗戦では、日本の原罪が先の場合よりもっとむき出しに見えるようになった。すなわち、原発による「繁栄」を求める心性は、原子力政策が成功したかのように見えた段階で、繁栄政策の成功に満足し、危険の来襲を忘れた。その時、地震が起こり、津波が押し寄せ、東京電力福島第一原発は周囲の広汎な地域もろとも廃墟になった。日本の原罪のこの面は、見える人にはよく見えるようになった。

第一の敗戦の時、日本は植民地化と侵略戦争の非を認めて謝罪し、不戦を誓った。ところが第二の敗戦の時、ここに原罪を認めて深く内省し、国の姿勢を改めるようになったのでなく、むしろこの機会に日本を戦争のできる国に戻し、非武装を国是とした第二次大戦後の日本の方向を覆す企てが現れ出た。その傷の深みがわからないほど、第二の敗戦の破滅は大きかったのである。

原発が危険なものだということを、見識ある人たちは早くから見抜いて理路整然と警告していてくれたが、予告どおりであった。一時的にこの警告は受け入れられたが、事故は直ちに起こらなかったから、警戒を解いて反対運動をやめた人もいる。理屈はわかったが災害は来ないではないか、と警戒を解いた人はいる。そのことは免訴の口実にはならない。

戦争の時も軍部や政府、また軍需産業の資本家たちの欺瞞によって、戦争の理由づけがなされたが、私はあの時だまされて被害者になっただけでなく、だまされたことの責任をも自ら負わねばならない。すなわちだまされずにものを見ることができたにもかかわらず、自分で自分をだまし、その欺瞞に乗ったのである。戦争の中でこの責任に気づかないではおられなかった。少なくとも聖書を神から与えられた書として受け取っていた者なら、「殺すなかれ」という、非常にわかりやすいお言葉をいただいている以上、殺す業に加担することはできなかった。にもかかわらず、この禁止命令を破ったのであって、権力によって洗脳されたという理由づけによって責任回避をすることはできない。これが「第一の敗戦」の教訓であった。

## ◈第二の敗戦の不安の増殖

「第一の敗戦」にまさるとも劣らない悲劇的な「第二の敗戦」が始まった。今度の「敗戦」は、時間が経つにつれて収束に向かうものではない。それどころか、放射線は出続け、禍《わざわい》は延々と増え続け、いよいよ悪魔性を露骨にしていく。原発を動かす巨大資本と政府は、都合の悪い情報を隠蔽している。隠蔽は新しい罪つくりである。

第一の敗戦の場合は完膚なき敗北であったから、事実は一応全部明るみに出た。悪を隠そうとしても隠すための権力であった軍が消滅していた。ところが、第二の敗戦では、事実はまだ一部しか明るみに出ていない。衝撃的な事実の公表は社会不安を起こすから、小出しに発表すべきであるという支配者的知恵がまだ力をもっていて、隠されたことがまだたくさんある。それに気づいている人も少なくないから、不信と不安が相乗効果を上げている。

よくわかっていないことだが、米軍が「トモダチ作戦」*67を発動した。日本を支援するための人道的な行動だと説明された。そういう面はあると思うが、それだけでない面が多すぎることに素人でも気づいている。軍機密であって日本政府にも知らされていないのではないか。つまり、アメリカの核戦略の傘のもとに、日本人は目隠しのまま入れられているのではないか、と私には疑われるのである。根拠のない疑いだと言われればそのとおりであるが、疑いを晴らす根拠もない。軍隊の内部をわずかにのぞいただけだが、その秘匿体質は嗅《か》いできた。隠されているのはもっと大がかりな秘密ではないか。

事故を起こした原子炉を何十年もかけて、四つとも完全に廃炉にしてしまうまでは収束したとは言えないのに、廃炉作業が着々と進んでいるかのように人々の考えを誘導する工作がなされるが、実際、廃炉工程のメドは立っていない。このままで〝フクシマ〟が永久に「廃墟」になることはないと保証できるのか。

*67 トモダチ作戦
二〇一一年三月十一日に起こった東日本大震災に際して、米軍が行った災害救援活動の作戦名。

## ◆権力悪との闘い

第一の敗戦の時、私自身は戦場体験や敗戦体験を、初めのうちは表面的にとらえていた。すなわち、おもに外から襲いかかる災いしか考えなかった。だが、次第に内面に掘り進むように転じ、「自らの戦争責任」を考えるとともに、自分が敗戦の「当事者」であると思い当たるようになり、さらに人の心の内にある悪を考えるにとどまらず、それを超えた悪、汚れた霊、悪の霊の介入を考えずにおられないように導かれた。したがって、人間の生み出す悪を人間の善意によって克服できるとは、いよいよ考えにくく思われるようになり、超越的な力の来臨を待たなければならない方向に向かわざるを得なくなった。

そのため、私にとって敗戦は一過性の災厄の経験では終わらず、前の世代から引き継いだ日本の罪、アジア侵略の罪の負債、いや、さらにさかのぼるなら、先住民アイヌの固有領域の侵犯[*68]や、独立国琉球を併呑[*69]した、いわば「原罪」に比せられる「負い目」を、自分も負っていることをキチッと考えねばならなくなった。——「原罪」という言葉は、私がクリスチャンであり、神学用語に馴染んでいたから使ったのではない。むしろ、「日本の原罪」という言い方は、私の知るかぎりでは、クリスチャンでない評論家がキ

*68 アイヌ民族問題
　北海道を中心としてアイヌ民族は独自の文化的発展を遂げる。しかし明治に入ると、政府の一方的な同化政策により、生活様式などがすべて廃止。さらに、一八九九年には「北海道旧土人保護法」が制定され、「保護」の名のもとに搾取と抑圧、差別が正当化された。

*69 琉《りゅう》球《きゅう》王国《おうこく》（一四二九〜一八七九年）
　約四五〇年続いた王政国家。一八七二年、琉球藩とされ、七九年に沖縄県設置により、明治政府のもと強制的に近代日本国家に取り込まれていった。これによって琉球王国は滅びた。その過程を「琉球処分」と呼ぶ。

リスト教的用語を借用して、日本国の差別と侵略を論じるところで使い始め、私はそれに倣ったのである。(「原罪」という言葉を藤島宇内氏が日本国について使い始めたことを私に教えてくれたのは、元クリスチャンであって、戦争中の教会が戦争讃美をするのにつまずいてキリスト教を捨てた木下順二氏である。)

## ◆罪としての原発

第二の敗戦の初めの段階では、すでにそれ以前から先覚者が原子力エネルギーの危険を警告するなかで、「原罪」的なものとしてのエネルギー支配の「貪欲」が潜むことを指摘していてくれたから、三・一一直後、クリスチャンならばスンナリと反原発に転向すべきであった。ところが、クリスチャンの中にも反原発に抵抗を感じる人が少なくなかった。クリスチャンの中の賛否の比率がどうなっているか正確な数値は知らないから触れないでおくが、原発事故以後政権が民主党から安倍自民党に替わって以後、内閣支持率は上がったと言われる。この数字は、政権の失策と醜態が明るみに出て、現在のところ低下しているが、悪質な欺瞞策を用いて一時的に支持層を増やし、短期間に情勢を覆し、復元が容易でないようにすることは、政権の道義的感覚また知的感性から推測すれば十分あり得ることである。

この政権は、原子力政策と同一路線と言うべき核武装、および軍事産業による資本拡大の政策をとり、平和憲法を世界に表明した日本の針路を強引に変更して、この国が戦争する国となる道を再び推進し始めた。敗戦によって開かれた新しい日本は、こうして壊滅したのである。第一の敗戦によって己の破滅を知ったわれわれが、再生の道として掲げたのは日本国憲法、その核心部は第九条である。その核心部が、戦争の苦悩も実態も知らない政治家たちによって破壊される。

## ◆立憲政治の破壊

旧日本帝国においても、憲法には甚だ不十分な点があり、近代国家の憲法とは言い難いところがあったが、それでも旧日本は立憲政体をとり、議会が事を決めた。安倍内閣は議会の議決を経ることなく、閣議の決定で重要な政策変更を遂行し、平和条項を破棄するにとどまらず、立憲政治そのものを破壊してしまった。抵抗権を発動すべき事態に至ったのである。

ただし、宗教改革の教会内部で確信をもって支持される「抵抗権」は、上なる権威が神によって建て上げられたことを前提として、その権力が間違いを犯し、その誤りを改めない場合のものである。神によって建てられたという前提を権力自身が知っても知らなくても、教会の民は神を信じるから、この権力が神によって建てられたものとして服従と抵抗を実行する。

現政権は日本を戦争できる国に戻そうとしている。原発再稼働と平和放棄の再武装はこの政府の方針として結びついた政策である。「原罪」を見据え、神学的に考察しなければとらえきれない国家悪が露骨に現れ出ているのである。

敗戦で人生のやり直しを始めた私は、一応のことは果たせたつもりでいたが、じつは立て直しに失敗したのだということを、現政権の行動によって知った。ここでもう一度、日本の出直しと、自分の人生の出直しを覚悟しなければならない。私にはもう時間は残されていないが、もう一度走り始め、命の残るかぎり走り続けなければならないことになった。

## ◆抵抗の正念場が見えてきた

この「第二の敗戦」に関して、私にはどういう関わりができるのであろうか。すぐに思い当たるのは、特に「第二の敗戦」によって精神的にも物質的にも私以上に大きい打撃を受けている隣人のために、自分に何ができるかを考え始めることであろう。それでは、自分のなし得る範囲で考えることに、第二の敗戦後の事態のもとで、どのように取り組んできたか。恥ずかしながら、ほとんどできていないのである。

考えることは考えた。だが、頭の中で回転が起こっただけで、頭の中のことを外部に展開するには至っていない。考えはほとんど空転と同じである。被災地に駆けつけて力仕事を始めれば、次に何をすればいいかが見えてくる。若者ならばそういう道が開かれているが、老いた体にはそれもできない。――ただし、この面では目を凝らして見続けていると、老人にもできること、老人だからこそ見えてくる問題が幾らかはあって、その問題は時が経つにつれて、次第に浮かび上がってきた。

どういうことか。第一の敗戦の後始末について、しっかり考えなかったことによって生じた手抜きがあり、その患部が次第に悪化した。これは前からわかっていたので、気がつく人は、ここをキチンとしておかなければ後日禍になると言って、運動をしていた。「戦後補償」の名で総括される問題である。しかし、これが問題であるということを根本から否定する、「思想」と言うに値しない「日本思想」（と呼ばれる癌のようなもの、たとえば「日本会議」と称する徒党の中で奉じられている主張）があって、この宿痾《しゅくあ》が三・一一の機会に肥大化したのである。恥部が剝き出しになっていても、恥を恥と思わないことにしている人たちは、恥さらしの始末をしないまま平気なのである。最も顕著な例は「従軍慰安婦」問題である。

もう一つ、第一の敗戦の後始末の手抜きとして勝利者米軍国主義に対し、講和の段階で日本の同権を回復することを日本政府はしなかった。米軍は今でも日本を、特に沖縄を、「占領地」と思い、治外法権があるかのように振る舞っている。そのことを日本政府も、日本の大資本系マスコミも問題にしない。いや、日本のキリスト教会も黙っている。知らされていないから、日本の庶民は言わないのがいいのだと思っている。だが、日本でもクリスチャンなら事実を確かめて、アメリカの教会に対してものを言うべきだが、教会は一般の日本人以上に、アメリカをありがたがっているように見られる。

## ◆ここからが信仰の戦いだ

しかし「第二の敗戦」という呼び方でとらえようとしている「悪魔的」な力の発現の前で、私の力が足りないと悔やむ自責の念だけでは、問題がとらえられるところまで行けない。「抵抗」のことをずっと考えてきたのだが、われわれが立ち向かうべき相手は、「人に従うよりは神に従うべきである」と言われる場合の「人」なのだ。人にすぎないのだ。人を超えたものだと考えてはいけないのではないか。そうだと思う。なるほど、聖書に「私たちの格闘は血肉に対するものではなく、主権、力、この暗やみの世界の支配者たち、また、天にいるもろもろの悪霊に対するものです」（エペソ六・一二）と書かれていることを無視してはならない。その「権威」は被造物に相違ないが、権威をまとった被造物であるから、往々に己を被造物以上のものと思い込み、そのように振る舞い、まさしく「悪魔化」し、やりたい放題のことをする。それでも、恐れてはならない。ここから先が信仰の戦いである。

覆いを剝がしてみれば、ただの人間であって、あえて言うならば、論理性にも思考力にも知識量にも欠陥ありと各方面から指摘されている人物が、たまたま票を獲得したため、圧倒的支持を受けて権力を獲得したと錯覚を起こし、限度を無視した愚かな行動を始めたというだけである。

かつてドイツで、精神性の貧しい男が時の機運に乗って権力を掌握し、結局は己を破滅させるのみか、自国民と他国民とに甚大な損害を与えたが、それと似たことが今日の日本で起こっていると指摘する人は多い。われわれもそう思っている。破綻すべきものは破綻し始めている。

しかし、特定の人物に罪を負わせて、自分が義人の立場に立っていると思うならば、われわれも破滅する。悪がこのようにやすやすとはびこるようになったのは、巨大な悪魔性をもつ人間が動いたからであろうか。そうではない。小さな器を巨大な悪魔的人物の座に担ぎ上げた者の責任がある。その悪魔性の成長を阻止しなかった者、批判はしていたが、本気で阻止しなかった者の責任がある。その罪を悔いる者は、過ちをくり返さないための抵抗を盛り上げていく。

# おわりに

第二次世界大戦が終わって、それまで、今日死ぬか、明日死ぬか、と緊張して生きていた状況から、一転して解放された。それは「ありがたい」と言うほかない大いなる転換であり、戦争中、特に前線に出てからの八か月、毎日死と直面していた状況からの逆転であった。

敗戦前、ここまでものも言わずに過ごしてきたのは過ちではなかったか、と思い悩む機会が何度か訪れたが、キチンと考えつめるだけの思考力はなく、定められた配置の部署を守って、共にいる人たちと自分自身の命が守られるために、なすべき最善の緊張を維持することだけで精いっぱい、それ以上のことは考える余地もなかった。

人によっては、敵愾心を高揚させて、「敵艦を一隻でも多く、敵機を一機でも多く屠るのだ」と言ったかもしれない。だが私の場合、そういうことが頭をかすめる余地すらなかった。というのは、前線の実情を見ているから、この圧倒的劣勢のもとで勝利は言うまでもなく、命永らえることは起こりえないとわかっていたからである。

戦う前に逃亡か降伏をすればよかった。それが正解であった。人類の知恵は、「戦わずに、降伏して生き延びる」という選択が賢明な策だと教えてきた。ところが、その知恵を抑止する悪魔的な愚かさが主導権を握る場合が時に起こる。不幸にも日本では、短期間であったが、戦いは勝つものだと信じさせる狂信的教育が人心を制圧していた。負けるに決まっているのに、負けると言わせない鉄則が、真理の座を占めていた。この狂気の前に、聖書的真理すら沈黙したかのようであった。

「戦争反対」という思想はキリスト教会の中に古くから座を占めており、その影響のもとで、この思想が第一次大戦前夜には、ヨーロッパでかなり影響力をもった。日本では知られなかったかのように言われるが、たとえばトルストイの平和思想の影響が日本においてすら、文学を通じて、その文学を読んでいない人の間でさえ、かなり拡がった。日本人で幾らか高等教育を受けた層の間で、そのことが知られていなかったとは言えない。ところが、「戦争反対」の思想を、あたかも聞いたことのない主張のように思わせる力が働いた。私は、知らなかったわけではないのに、知らなかったふりをしておけば通してもらえる世代に属していた。次の世代になると、話は別になる。「戦争反対」の声は洩れ聞こえることすらなくなったようである。その世代の人たちと比べれば、反戦の基本を聞きかじりで知っていたのに、知っていたことを伏せて、隠し通した思想的誤魔化しの責任は大きい。

私は、今ではもう死語になった「学徒出陣」の世代であるから、古き良き日本の自由の落日の影が「中途半端」に残っており、もし本気で学習すれば、知識の欠けは補い得た時代の子である。それでも、同じ世代ではあるが、知的環境の違いから、自由思想の影響圏外に置かれた人も出陣学徒の中にはある程度いた。そして、意見の違う二つのグループの間では、まともな話し合いはなかった。

私自身は幼少のころからキリスト教の家庭教育を受けていたから、日本の一般情勢としては知られなかったかもしれないが、自分は知らなかったとは言えない経歴をもつ。そして、治安維持法によって苛酷に締めつけられた数年前の学生と比べれば、口を閉ざす者が多くなり、摘発される事例は身辺ではどんどんなくなって、事実、何も知らず、追及も受けないケースが増えていた。私自身が取り調べを受けたことはなかった。

そのことは、逆に見れば、知らないとは言えない立場にあったということである。引っかからないようにスリ抜けていたことになる。少なくとも、私自身は戦争に行く前の中途半端さについて戦時中に気がつき、戦後、ずっとそう考えてきた。だから、時代を考察するためには有利な視点を与えられていたとも言えよう。

では、その有利な視点を活用して、事の裏表を知ろうとしたのか。やはり、中途半端だった。だから、知っていながら黙ってしまったのである。その曖昧さについて良心の意識は残っていた。「抵抗権」について考えるとは、私にとっては、このことの決着をつける営みである。

戦後、「抵抗」あるいは「抵抗権」についてずっと考え、考えたことを書かねばならないと思っていた。ただし、それは「抵抗権」について研究し、著作するということでは必ずしもない。長年、神学的な課題である抵抗権について研究したことは事実である。研究したことを語ったり、小文を書いたりした機会も少なくない。けれども、今般本書を書き始めたのは研究の集大成を意図したものではない。年齢からいって、最後の著書になると見られるであろうし、自分でもそのように思うが、研究としては疎漏であり、仕上げとは思ってもいない。人に教えるというのでなく、学説の総まとめではなく、自らの証しを立てたものにすぎない。

私にとって、神を信じることは私が私であることの根底である。だから、抵抗権は、神を信じる私にとって、神から授けられた恵みの賜物、あるいは神から託せられたタラント（マタイ二五章）である。抵抗権は信仰によってこそ考えられるものであった。したがって、信仰をもたない人にとっての抵抗権は本書では扱わなかった。もっとも、信仰をもたない人には抵抗権がないと言外に表明しているわけではない。信仰のない人にも、道理に合わない権力行使に対する抵抗の権利が授けられているという思想を非難することを私はしない。そういうことをする権限は、私にはないと思うからである。

私に言えることは、信仰者が神を根拠にして抵抗権を確信し、またそれだけの超越的な自己規制を課することによって、抵抗権が恣《ほしいまま》の自己主張にならないようにすることの意味を考えてもらいたいということだけである。

今回、これを書き始めたのは、いのちのことば社の長沢俊夫氏から促されたからであるが、自分でも今書かねばならない「時」だと感じていた。「今」と言っている意味、また「時」と言っている意味はお察しいただけると思うので注釈はしない。

原稿を書いている時と、私としては初めての長患いで入院していた時とが重なったが、種々の煩いが書く仕事の妨げにならなかったのは、この時が「恵みの時」であったからである、ということを付け加えさせていただく。

渡辺信夫

二〇一六年一月

渡辺信夫（わたなべ・のぶお）

1923年、大阪府に生まれる。

京都大学文学部哲学科卒業。文学博士（京都大学）。

1949年、伝道者となる。1958年、東京都世田谷区で開拓伝道を開始し、日本キリスト教会東京告白教会を建設。

2011年5月まで日本キリスト教会東京告白教会牧師。

以後、日本キリスト教会教師として諸教会に奉仕。

著書、『教会論入門』『教会が教会であるために』（新教出版社）、『カルヴァンの教会論』（カルヴァン研究所）、『アジア伝道史』『戦争で死ぬための日々と、平和のために生きる日々』（いのちのことば社）ほか。

訳書、カルヴァン『キリスト教綱要』『ローマ書註解』『創世記註解』、ニーゼル『教会の改革と形成』『カルヴァンの神学』（新教出版社）、レオナール『プロテスタントの歴史』（白水社）ほか。

# 信仰にもとづく抵抗権

2016年２月20日発行

著　者　渡辺　信夫

印刷製本　モリモト印刷株式会社

発　行　いのちのことば社


〒164-0001 東京都中野区中野2-1-5
電話 03-5341-6922（編集）
03-5341-6920（営業）
FAX03-5341-6921
e-mail:support@wlpm.or.jp
http://www.wlpm.or.jp/



ISBN 978-4-264-03465-0